Bernd Latour
Um keine Antwort verlegen

SERIE PIPER

Zu diesem Buch

Ob im Berufsleben oder zu Hause – diesen Situationen begegnen Sie überall: Ihr Gegenüber versucht Sie mit Sprüchen mundtot zu machen, auf die Ihnen keine passende Antwort einfällt. Oder was antworten Sie auf Totschlagargumente wie »Sie sind der Erste, der sich beschwert«, »Du kannst nur keine Kritik vertragen« oder »Das mache ich immer so«? Mit diesem Buch wird alles anders: Endlich erfahren Sie, wie Sie den Wortfallen entkommen, in die der andere Sie manövriert hat. Auf unterhaltsame Weise erklärt Bernd Latour die Mechanismen hinter den Redewendungen, mit denen Ihr Gegenüber Sie ins Abseits stellen will. Anhand von ganz konkreten und praktischen Beispielen zeigt er, wie Sie verbale Attacken abwehren und den anderen verblüffen können. Und so gewinnen Sie nicht nur Wortgefechte, sondern haben auch die Lacher auf Ihrer Seite.

Bernd Latour, geboren 1944, war nach seinem Studium der Germanistik und Romanistik als Dozent für den Bereich Deutsch als Fremdsprache an der Universität Hamburg tätig und ist dort seit 1982 Professor für Linguistik der deutschen Sprache. Zuletzt erschien von ihm »Wortattacken wirksam kontern«.

Bernd Latour

Um keine Antwort verlegen

Wie man Wortgefechte gewinnt

Piper München Zürich

Ungekürzte Taschenbuchausgabe
Piper Verlag GmbH, München
Januar 2004

Umschlag/Bildredaktion: Büro Hamburg
Isabel Bünermann, Julia Martinez/
Charlotte Wippermann, Kathrin Hilse
Umschlagabbildung: ZEFA Visual Media/SIS
Foto Umschlagrückseite: Atelier Scholz, Hamburg
Satz: W. Röck, Weinsberg
Druck und Bindung: Clausen & Bosse, Leck
Printed in Germany ISBN 3-492-23800-9

www.piper.de

Die Menschen brauchen das wohl,
etwas, das alle sagen,
etwas, das alle tun, etwas, woran alle glauben.

Kurt Tucholsky

Der Drang zum Dogma ist eine tiefsitzende menschliche Untugend, die aus der Suche nach Schutz und Gewissheit geboren wird.

Rudolf Dahrendorf

Inhalt

Vorwort

Dieses Buch unternimmt einen Streifzug durch konflikthaltige Kommunikation im Alltag. Dabei soll es unter anderem um Folgendes gehen:

- um sprachliche Konventionen,
- um kommunikative Strategien,
- um die Plausibilität von Argumenten,
- um meist unbewusst wirksame Vorstellungswelten, die hinter allem stehen,

und nicht zuletzt

- darum, wie man sich gegen andere zur Wehr setzt.

Nun ist dies der Stoff, aus dem Kommunikation gemacht ist, und kommunizieren – das tun wir täglich auf vielfache Weise mit anderen, via Sprache, Körpersprache, Fax, E-Mail und so weiter. Ich muss deshalb gleich an dieser Stelle um Nachsicht bitten für die eine oder andere Trivialität, die Sie in diesem Buch finden werden. Aber manchmal brauche ich das, was Sie selbst auch schon gesehen und erlebt haben oder was eh bekannt ist, als Grundlage für Weiterführendes, und gelegentlich ist es auch ganz hilfreich, wenn man als Autor auf einen (zumindest vermuteten) Konsens zwischen sich und seinen Lesern zurückgreifen kann. Ich hoffe jedoch, dass die Perspektive informativ ist, aus der ich Phänomene der Alltagskommunikation darstelle, die jeder schon selbst erlebt hat.

Es geht, wie gesagt, um konflikthaltige Kommunikation, dies jedoch in einem Zwischenbereich, der markiert wird von den Extremen Beschimpfung – physische Aggressionen lassen wir hier ganz beiseite – einerseits und andererseits »vernünftiger«, das heißt nichtmanipulativer Argumentation, an deren Ende jemand aus Einsicht der Kraft des besseren Argumentes nachgibt.

Dieses Buch ist subjektiv insofern, als es ohne meine teilweise sehr persönlichen Erfahrungen und Beobachtungen nicht zustande gekommen wäre. Aber doch nicht so subjektiv – dies ist jedenfalls mein Optimismus –, dass es für niemanden außer mir von Interesse wäre. Denn ich habe mich bemüht, das, was ich zu ganz verschiedenen Zeiten gesehen, gehört und gelesen habe, mit denjenigen Mitteln aufzubereiten, die mir mein Fach zur Verfügung stellt: die Sprach- und Kommunikationswissenschaft.

Ich versuche zu zeigen, wie Konfliktsituationen aussehen und wie man sich in ihnen verhalten kann. Methodischer Ausgangspunkt sind dabei in den meisten Fällen konventionalisierte Sprachäußerungen wie zum Beispiel: »Tu's mir zuliebe« oder: »Wer im Glashaus sitzt ...« Die möchte ich analysieren und zeigen, wieviel Ungesagtes hinter ihnen steckt. Das Buch ist für Leserinnen und Leser geschrieben, die von Sprach- und Kommunikationswissenschaft nicht viel mehr als eine vage Ahnung haben und sich vielleicht auch nicht besonders für sie interessieren, die sich aber in verbalen Konflikten mit anderen Menschen behaupten müssen und hier möglicherweise die eine oder andere Orientierung und Anregung gebrauchen können. Natürlich habe ich mich soweit wie möglich sachkundig gemacht, und die Chance, dies auch zu tun, will ich niemandem vorenthalten – Weiterführendes finden Sie in der Literaturliste. Auf den gesamten hier einschlägigen »wissenschaftlichen Apparat« habe ich allerdings weitgehend verzichtet. Er wäre nur für Fachkollegen von Interesse, für die dieses Buch, wie gesagt, nicht geschrieben ist.

»Wissen ist Macht«, sagte Francis Bacon, der englische Philosoph des 16. Jahrhunderts – aber zu Macht wird das Wissen nicht von ganz alleine, sondern nur dann, wenn sich aus dem Wissen eine Handlungsperspektive ergibt. Und die wollen wir nicht aus dem Blick verlieren.

Ein Letztes noch: wenn ich im Folgenden die maskulinen Ausdrücke »Leser«, »Partner«, »Aggressor« und so weiter verwende, dann sind selbstverständlich beide Geschlechter gemeint. Die Alternative, diese Ausdrücke grundsätzlich gedoppelt auftreten zu lassen (»Partner und Partnerinnen« und so weiter), ist mir zu umständlich und kostet sinnlos viel Platz; die Binnen-Majuskel (also das große **I** zum Beispiel in »PartnerInnen«) verwende ich nicht, weil ich sie aus sprachwissenschaftlicher Perspektive für Krampf halte. Ich folge damit dem Beispiel verschiedener Fachkolleginnen.

Ohne Streit geht es nicht

Sie sind Sie und ich bin ich

Wenn wir im privaten und beruflichen Alltag miteinander zu tun haben, dann geht es nicht immer ohne einen ständigen Konflikt der Interessen und Meinungen ab. Das soll nicht heißen, dass wir nun nichts anderes im Sinne hätten, als uns fortwährend zu streiten. Aber solche Gegensätze von Ansichten und Interessen gehören zum täglichen Leben, ebenso der Versuch, diese Gegensätze zu schlichten, und auch das Gelingen oder Scheitern solcher Versuche. Das kann auch gar nicht anders sein, denn Sie sind Sie und ich bin ich. Was Sie wollen, das will ich manchmal auch, manchmal aber auch nicht. Einige meiner Ansichten werden Sie vielleicht teilen, andere aber möglicherweise nicht. Wenn wir also nicht gerade sowieso derselben Meinung sind – das ist meistens der Fall, wenn das Gespräch sich um das Thema »Wetter« dreht –, dann geht es im privaten und beruflichen Alltag sehr oft um unterschiedliche Meinungen und Interessen. Solche Gegensätze versuchen wir normalerweise auszuhandeln. Nicht unbedingt und immer nach dem Prinzip mancher Management-Handbücher, dass beide Parteien gewinnen (schön wär's ja!) – nur zu oft gewinnt die eine, und es verliert die andere Seite.

Streit ist eine verschärfte Form der Aushandlung von Gegensätzen: Wir kündigen die Verpflichtung zur Kooperation auf, zum Beispiel den anderen zu Wort kommen zu lassen, und schonen auch sein Image nicht mehr.[1] Wenn wir uns aber schon mit anderen Menschen herumstreiten müssen, dann wollen wir möglichst Recht behalten, das heißt uns durchsetzen, und zwar auf möglichst ökonomische Weise.

Und wie erreichen wir dieses Ziel? Am ehesten dadurch, dass der Gegner so schnell wie möglich einsieht, dass er nichts zu gewinnen hat. Denn gewinnen – das wollen wir. Der Gesprächspartner, der ja zugleich unser Gegner ist, will das ganz sicher auch, aber er soll es nicht, denn einer kann, wie gesagt, meistens nur gewinnen. Natürlich könnten wir versuchen, den anderen durch Gebrüll oder Drohungen einzuschüchtern. Das funktioniert aber nur dann, wenn wir wirklich mehr Macht haben, physisch stärker sind und/oder der andere sich überhaupt einschüchtern lässt. Was aber tun wir, wenn es mit der Einschüchterung nicht so recht klappt und wir uns dennoch durchsetzen wollen? Ein Mittel zu diesem Zweck ist es, *die Verbindlichkeit unserer eigenen Behauptungen oder Forderungen zu erhöhen. Wir müssen es also erreichen, dass unseren Ansichten und unseren Interessen ein höheres Gewicht zukommt als denen der anderen Seite.* Wie man das macht, das ist das Thema dieses Buches. Wenn wir allerdings selbst die andere Seite sind, dann müssen wir das Spiel durchschauen, damit wir unsere Gegenmaßnahmen treffen können.Sonst sind wir das

Opfer. In den folgenden Kapiteln werden wir Opfern, die das Spiel nicht durchschauen, noch mehrfach begegnen.

Wer verliert schon gerne?

Gewinnen und Verlieren – der verbale Schlagabtausch wird oft und gern mit einem Kartenspiel verglichen: Der eine hat einen Trumpf ausgespielt, der andere kann ihn nicht bedienen. Diese Art von Spiel hat mit Spaß allerdings im Regelfalle nur wenig zu tun, oder der Spaß ist ungleich verteilt. Gelegentlich wird aus dem Spaß sogar tödlicher Ernst.[2] Aber nicht nur im Kartenspiel geht es um Sieg oder Niederlage: Wir haben den Ball nicht erwischt oder sind schachmatt. Wir wissen uns nicht zu wehren, es verschlägt uns die Sprache, wir stehen mit offenem Munde da, und das Gefühl unserer Hilflosigkeit – meistens nichts anderes als ein Mangel an *Schlagfertigkeit* – ist nicht gerade sehr aufmunternd. Damit ist das Problem sehr allgemein formuliert, jetzt aber brauchen wir ein Beispiel.

Nehmen wir einen Vorwurf, der sich gerade unter Männern großer Beliebtheit erfreut: »Das ist aber *nicht konsequent!*« So sagte einmal ein Autohändler zu mir, als ich Zubehör zu einem neuen Wagen orderte, das seiner Ansicht nach nicht zusammenpasste. Vielleicht würde Ihnen ja etwas dazu einfallen (»Inkonsequenz macht solchen Spaß«, oder etwas von diesem Kaliber). Manche aber, und nicht nur manche, stehen mit dem Rücken zur Wand, wenn sie auf Äußerungen dieser Art reagieren müssen. Man könnte den Sinn dieses Spruches ja ganz einfach anzweifeln oder ihm durch einen Scherz seine Spitze nehmen (s. o.). Viele fangen aber an, sich zu verteidigen, sagen beispielsweise, sie seien doch konsequent, oder andere Hilflosigkeiten dieser Art. Und solange man sich verteidigt, hat der andere die, wer weiß, vielleicht nicht ganz unattraktive Rolle des Aggressors. Jedenfalls muss *er* sich *nicht* verteidigen.

Ein anderes Beispiel wäre die Aufforderung: »Tu's mir zuliebe!« Wie reagiert man, wenn einem das, was man da soll, so überhaupt nicht schmecken will? Die Liste der Sprüche des Alltagslebens, die in Konfliktsituationen als Trumpfkarten eingesetzt werden, ließe sich noch lange fortsetzen. Ich will mich an dieser Stelle aber nur auf einige beschränken, damit etwas klarer wird, was gemeint ist:

– »*Wir alle* wollen das, nur *du* nicht!«
– »*Mach's* doch *besser*!«
– »Ich hab's doch *nur gut gemeint*!«
– »Du kannst nur *keine Kritik vertragen*!«
– »Das machen wir *immer so*.«

Ich denke, diese Redensarten sind alte Bekannte. Die kommentieren wir nicht jetzt, sondern später. An dieser Stelle wollen wir uns zunächst nur fragen:

– Was macht diese Ausdrücke rhetorisch so wirksam und so populär? Wieso funktionieren sie überhaupt als Argumente in Auseinandersetzungen? Und warum gewinnt derjenige meistens die Oberhand, der sie benutzt? Was also steckt dahinter? Außerdem und nicht weniger wichtig:

– Was kann man diesen Routineformeln – denn um nichts anderes handelt es sich – entgegensetzen, wenn man sie »im eigenen Briefkasten findet«, wie kann man sie parieren?

Es geht also darum: Wie greift man an, und wie wehrt man sich? Auch und gerade um Letzteres soll es hier gehen. Ich werde mich allerdings dennoch sehr intensiv mit dem Verhalten der Aggressoren beschäftigen müssen; denn wer seinem Gegner Kontra geben, wer nicht dessen Opfer werden will, der muss oder sollte wissen, was in dessen Kopf vorgeht, was der will und wie der sein Ziel erreicht. Die Aggressoren sind übrigens keine Menschen voller pathologisch destruktiver Absichten, jedenfalls normalerweise nicht. Gemeint sind vielmehr diejenigen, die einen anderen verbal angreifen und ihn nötigen, sich zu wehren, also: Leute wie Sie und ich.

Ich weiß nicht, ob das schon klar genug war. Deshalb sei es lieber mit anderen Worten noch einmal gesagt: Wir alle sind prinzipiell Aggressoren und Opfer zugleich – je nach Situation. Es sind also nicht die einen die Guten und die anderen die Bösen, es wechseln vielmehr die Rollen – je nach Situation.

Aggressor ist somit eine Gesprächsrolle, die in einer Konfliktsituation wechselt oder zumindest wechseln kann. Jedenfalls in informellen Beziehungen wie Freund-, Partner- und Nachbarschaften ist dies so. Sicher haben manche es etwas schwerer als andere, sich aus der Opferrolle zu lösen, und andere greifen halt gerne an. Aber dieser Gesichtspunkt, weshalb manche die Aggressorenrolle bevorzugen und andere aus der Rolle des Opfers nur schwer herausfinden, soll uns allenfalls am Rande interessieren. Interessanter ist es, wie man lernt zurückzuschlagen. Dann ist man auch kein Opfer mehr oder jedenfalls etwas seltener.

Initiative	*Replik*
»Das ist aber nicht konsequent.«	»Das muss es auch nicht sein.« »Inkonsequenz macht solchen Spaß.«

Oft geht es auch um Macht

Bei dem Wort »Macht« sträuben sich manchem die Nackenhaare. Macht, ebenso wie Aggression, wird oft verteufelt als etwas, das es in einer Gesellschaft nicht geben sollte, die besser ist als alle bestehenden. Meinetwegen. Ich werde in dieses Horn aber nicht stoßen, sondern möchte lediglich daran erinnern, dass jemand ohne Macht eben auch nicht viel bewirken kann. Politiker, Manager, Fußballtrainer brauchen Macht oder sie sind keine. Wenn man Macht hat, dann tun andere, was man ihnen sagt. Nicht immer ganz freiwillig, deshalb gehört zur Macht mindestens auch Sanktionsgewalt, das heißt, man kann jemandem Übles tun, der nicht so will, wie er soll. Dabei macht es im Prinzip keinen großen Unterschied, ob der Vorgesetzte einen Angestellten rausschmeißt oder ob die halbwüchsige Tochter ihren Vater eine Zeit lang mit Liebesentzug bestraft. Für unseren Zusammenhang ist interessant, dass Macht oft auch funktioniert, ohne dass der dicke Knüppel vorgezeigt, geschweige denn geschwungen wird. Manch einer hat ihn auch gar nicht, und andere tun trotzdem, was er ihnen sagt. Vermutlich funktioniert Macht dann am wirkungsvollsten, wenn ich andere dazu gebracht habe, so zu denken wie ich selbst. Dafür muss ich natürlich etwas tun. Dazu gehört zum Beispiel, dass ich die Verbindlichkeit meiner Ansichten heraufsetze.

Machtbeziehungen sind immer ein Gefälle, aber ihre Stabilität ist sehr unterschiedlich. Sehr stabil sind sie in beruflichen und militärischen Hierarchien. In diesem Buch geht es nun mehr um Alltagskommunikation, obwohl beide Bereiche sich großflächig überschneiden. In der Alltagskommunikation sind Machtbeziehungen nicht ganz so stabil. Nicht wenige Versuche, einen anderen zu dominieren, bleiben erfolglos, weil dieser andere sich das nicht gefallen lässt und schlagfertig genug ist, einen verbalen Angriff abzuwehren. Mit der Abwehr ist das dennoch so eine Sache. Steht man dem Aggressor sozial gleichrangig gegenüber, hat man ganz andere Möglichkeiten zurückzuschlagen, als wenn man in einer Machtbeziehung der Unterlegene ist. Wir wollen diese Unterscheidung im Auge behalten, denn wenn man auf seinen Chef etwas zu wagemutig reagiert, dann riskiert man das Etikett der preußischen Kavallerie: »Schneidig, aber dumm.«

Macht und Mobbing

Über Mobbing ist in letzter Zeit so viel geschrieben worden, dass ich dieses Thema am liebsten ausklammern würde. Aber es gibt einen Aspekt, der in unseren Zusammenhang gehört. Wir können nämlich fragen: Warum wird überhaupt gemobbt? Und: Wie fühlt sich die/derjenige, die/der am Ende eines kürzeren oder längeren Mobbings die Segel streicht und zum Beispiel den Arbeitsplatz wechselt? Fangen wir mit der zweiten Frage an. »Erfolgreiches« Mobbing ist ein Sieg ohne Waffen, das heißt ohne materielle Waffen, denn es ist ja kein Schuss gefallen und kein Messer gezückt worden. Und dennoch steht jemand als Besiegter da, jemand, der aufhört zu kämpfen, jemand, der wehrlos ist. Was aber heißt »wehrlos«? Das heißt: Er oder sie ist demoralisiert. Zum besseren Verständnis hilft uns der Ausdruck »Kampfmoral« weiter, der mit Militarismus und Kriegtreiberei allenfalls um drei Ecken herum etwas zu tun hat. Mit »Kampfmoral« ist vielmehr eine mentale Vitalität gemeint, die wir brauchen, um kleinere oder größere Aufgaben überhaupt anzupacken oder um uns einer Auseinandersetzung zu stellen. Ohne den Glauben daran, dass diese gut ausgehen, können wir das nicht. Diesen Glauben beziehen wir aus dem Glauben an uns selbst, aus dem Gefühl, dass wir etwas wert sind. Ohne dieses Gefühl kann sogar das morgendliche Aufstehen zur Qual werden. Wer nun gemobbt wird, läuft akute Gefahr, dass ihm dieses Selbstwertgefühl auf Dauer abhanden kommt. Wer demoralisiert ist, ist außerstande, an sich selbst und seinen Wert zu glauben, er ist von dem Gefühl seelischer Kraftlosigkeit befallen. Von dem Gefühl, dass der Gegner besser oder stärker ist. Von dem Gefühl, dass der Kampf nicht zu gewinnen ist.

Wechseln wir nun die Perspektive. Der Aggressor, wie wir ihn genannt haben, ist dann am Ziel, wenn er seinen Gegner demoralisiert hat. Er fühlt sich, das heißt seine mentale Vitalität, in dem Maße gestärkt, wie er die seines Gegners geschwächt hat. Dieses Erlebnis gehört für manche zu den lustvollsten, die das Leben überhaupt zu bieten hat. Macht bedeutet also nicht nur, andere dazu zu bringen, dass sie tun, was sie sollen, Macht kann auch heißen, das Selbstwertgefühl anderer auf Null zu bringen, sie zu demoralisieren. Beispielsweise durch Mobbing.

Mobbing ist überall. Nicht nur im Beruf, auch in der Familie, im Sportverein, sogar im Freundeskreis. Das sollte alles nicht so sein? Da haben Sie sicher Recht. Es ist aber so. Lernen Sie, sich zur Wehr zu setzen. Eine Hilfestellung dabei gibt Ihnen dieses Buch.

Und der Zusammenhang mit unserem Thema? Wer sich in verbalen Auseinandersetzungen immer wieder Vorteile auf Kosten anderer verschafft, indem er sie mundtot macht, der kann zu deren Demoralisierung beitragen. Ebenso, wenn es ihm gelingt, jemanden vor anderen der Lächerlichkeit preiszugeben.

Was wir jeden Tag sagen

Sie haben sicher etwas gemerkt, nämlich an den Beispielen: »Du kannst nur keine Kritik vertragen!«, »Tu's mir zuliebe!« und so weiter: Es sind Standardformulierungen; wir benutzen sie täglich, sie sind fester Bestandteil der Alltagskommunikation und -argumentation, sie liegen griffbereit zur beliebigen Verwendung da, sind in vielen Situationen einsetzbar. Wer will, kann sie benutzen, wann immer es ihm sinnvoll scheint. Es handelt sich um sprachliche Fertigteile, Versatzstücke, und wenn wir sie verwenden, zeigen wir, wie wenig originell wir eigentlich sind. In unserer ganzen Unoriginalität, mit der wir die Sprüche unserer Eltern, Erzieher, Freunde, Kollegen in den Mund nehmen, zeigen wir aber auch, dass wir soziale Wesen sind, denn in diesen Redensarten stecken Gedanken, die wir mit anderen Menschen gemeinsam haben. Und noch ein Aber: Diese sprachlichen Fertigteile sind bei aller Unoriginalität nicht nur gültige, das heißt weithin akzeptierte Argumente, sondern ausgesprochen schlagkräftige Argumente. Es sind Waffen in der Auseinandersetzung. Wer sie benutzt, der *hat* vielleicht nicht Recht, aber er *bekommt* oft Recht, denn viele haben diesen sprachlichen Waffen nichts entgegenzusetzen. Ihnen fällt, so hatten wir festgestellt, oft nichts mehr ein, womit sie zurückschlagen könnten. Wir wollen sehen, ob sich das ändern lässt.

Argumente – dies nur nebenbei – sind nicht einfach wahr oder falsch, sondern sie werden akzeptiert, das heißt, sie *gelten*, oder *gelten* eben *nicht*. Das Problem von Argumenten ist also nicht ihre *Substanz*, sondern ihre *Akzeptanz*. Argumente werden nicht nur gelegentlich auch dann akzeptiert, wenn sie überhaupt keine Substanz haben, wie beispielsweise die alte (neuerdings nicht mehr gültige) Orthographieregel: »Trenne nie das *s* vom *t*, *denn es tut den beiden weh!*« Umgekehrt kann ein Argument noch so viel Substanz haben: wenn es nicht akzeptiert wird, dann wird es nicht akzeptiert.

Sozialer Konsens oder: »Die Mehrheit hat Recht«

Es ist nun interessant festzustellen, aber gleichzeitig auch offenkundig, dass die Wirkung dieser Routineformeln, die manchen mit offenem Munde dastehen lässt, ganz bestimmt nicht auf irgendeinem Überraschungseffekt beruht, ja auch gar nicht beruhen kann. Denn Formulierungen dieser Art sind ja nicht neu. Wir alle haben sie im Leben schon mehr als hundertmal gehört und benutzen sie ja vielleicht ebenso oft auch selbst. Es sind ja auch nicht umsonst Standardausdrücke. Das Interessante an ihnen ist jedoch, dass den meisten Menschen oft keine besonders intelligente Reaktion auf genau jene Standardausdrücke einfällt, *obwohl* sie diese bei ganz anderen Gelegenheiten selbst benutzen. Wenn wir nach

Gründen für diesen Sachverhalt suchen, müssen wir etwas weiter ausholen.

Bestimmte Situationen kehren im täglichen Leben in ähnlicher Form immer wieder. Man kann sie *Standardsituationen* nennen, zum Beispiel die Buchung eines Flugtickets, die Frage nach einem Skonto beim Shopping, eine Kondolenz und so weiter. Genauso kommen bestimmte Konflikte immer wieder vor (Partnerschaftsprobleme, Meinungsverschiedenheit unter Kollegen, Streit um das Fernsehprogramm in der Familie und so weiter). Einer will etwas nicht, was der andere von ihm fordert, und der erste sagt (besonders gerne natürlich in privaten Konflikten): »Tu's mir zuliebe.« Diese Standardformulierung habe ich als Beispiel schon genannt. Erstaunlich ist es schon, dass es in vielen *Standardkonflikten* nur für den Aggressor ein Standardverhalten gibt, beispielsweise diesen Spruch, aber nicht oder nicht in gleicher Weise für das Opfer.

Und warum ist das so, weshalb gelingt es uns oft, mit Hilfe dieser Standardausdrücke andere auszutricksen, sie schachmatt zu setzen? Vermutlich deshalb, weil es einfach nicht üblich ist, nachzudenken über den Sinn oder Unsinn von konventionalisierten Sprüchen wie: »Ich hab's doch nur gut gemeint« oder: »Willst du mir eine Szene machen?« Darüber nachdenken – genau das wollen wir und das müssen wir. Denn nur dann haben wir eine Chance, diesen Sprüchen etwas entgegenzusetzen. Und uns besser gegen andere zu behaupten.

Die Wirkung dieser Standardausdrücke oder Routineformeln liegt also in ihrer *hochgradigen Kon-*

sensfähigkeit oder auch *sozialen Akzeptanz.* Das können wir schon an einem so einfachen Beispiel sehen wie: »Ich hab's doch nur gut gemeint.«

Das meiste bleibt ungesagt

Die Wirkung dieser Routineformeln steckt aber auch in dem, *was nicht gesagt wird.* In ihnen steckt nämlich die unausgesprochene Behauptung: »Nicht nur ich meine das – alle meinen das.« Oder: »Alle würden in dieser Situation so reagieren wie ich (und deshalb ist das, was ich sage, richtig).« Bei Aufforderungen (zum Beispiel »Tu's mir zuliebe«) steckt dahinter: »Alle würden an meiner Stelle dasselbe wollen, deshalb ist diese Forderung legitim, und du musst tun, was ich von dir will.« Dahinter wiederum steht die Auffassung: *Die Mehrheit hat Recht.* Und wer allein gegen die Mehrheit steht, der hat von vornherein Unrecht. Diese Ansicht teilen viele, auch diejenigen, die in einer solchen Situation mit dem Rücken zur Wand stehen. Das dürfte der Grund dafür sein, dass ihnen zu ihrer Verteidigung nichts Intelligentes einfällt, eben gerade dann nicht, wenn sie selbst das Opfer sind. Den Gedanken, dass hinter Standardausdrücken noch etwas mehr steckt, nämlich ein *sozialer Konsens* (in gleichsam verdichteter Form), den wollen wir festhalten. Er ist vielleicht nicht besonders überraschend, aber auch für alles Weitere sehr wichtig.

Vieles Wichtige in unserer Alltagskommunikation wird also nicht gesagt. Viele Argumente sind versteckt, schwer in den Griff zu bekommen und deshalb so schwer zu kontern. Wenn wir sie aus ihrem Versteck ans Tageslicht hervorziehen, dann fällt uns der Konter leichter.

Soziale Akzeptanz

Wenn wir zwischenmenschliche Kommunikation besser verstehen wollen, konfliktgeladene ebenso wie konfliktfreie, dann gehört dazu etwas, das wir einen »sozialen Akzeptanzbereich« nennen könnten. Hier haben allgemein oder weithin akzeptierte Vorstellungen ihren Platz, also das, worüber man sich normalerweise einig ist, zum Beispiel

- dass man gute Absichten nicht kritisiert;
- dass die Erhaltung von Frieden und intakter Umwelt hochrangige Güter sind;
- dass derjenige nicht mit Steinen werfen soll, der im Glashaus sitzt;
- dass es richtig ist, nicht alles zu glauben, was in der Zeitung steht.

Und viele andere mehr. Immer geht es dabei um Dinge, die der Fall sind, sein oder nicht sein sollten.

In konfliktgeladener Kommunikation ist es nun das Ziel des Aggressors, sich selbst und seine Auffassungen in diesem sozialen Akzeptanzbereich zu positionieren und das Opfer daraus zu verdrängen. Es findet also ein Verdrängungswettbewerb statt, und das Opfer ist erst dann wirklich Opfer, das heißt, es hat das Spiel verloren, wenn es sich verdrängen lässt und in der sozialen Isolation landet.

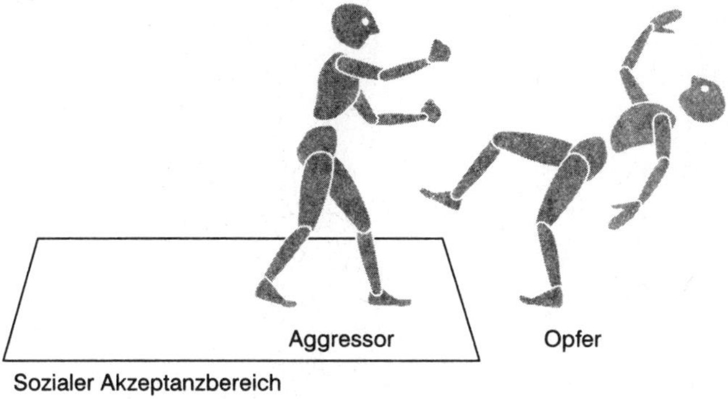

Wir haben also bessere Aussichten, das Spiel, das heißt den argumentativen Schlagabtausch, zu gewinnen, wenn wir die Verbindlichkeit unserer Behauptungen und Forderungen herauf- und die des Opfers herabsetzen. Wie man das macht, davon unter anderem handelt dieses Buch und auch davon, wie man das verhindert.

Das Mehrheitsprinzip

Dieses *Mehrheitsprinzip* (»Alle meinen das, was ich meine, und deshalb ist es richtig«) gilt interessanterweise nicht nur für die Mehrheit der Menschen, sondern auch für die Mehrheit der Situationen im täglichen Leben. »Das mache ich immer so«, oder ganz im Gegenteil: »Das haben wir noch nie gemacht« – auch in diesen Standardformeln steckt ein Mehrheitsprinzip, von dem eine Norm abgeleitet wird: Das, was man immer in einer bestimmten Weise macht oder gemacht hat beziehungsweise unterlässt oder nie getan hat, was also gewissermaßen *Tradition* ist, auch das gilt als *richtig* – sonst hätte man es sicher anders gemacht. Es gilt als ebenso richtig wie das, was alle meinen. Umgekehrt: Wenn ich von anderen Leuten etwas will, was die noch nie getan haben (»Das haben wir noch nie gemacht!«), dann wird das für mich ebenso ein Problem, wie wenn ich eine Ansicht gegen eine Mehrheit vertrete. Wenn man sich also gegen andere durchsetzen will, ist es ausgesprochen hilfreich, einen solchen Konsens der Meinungen oder der Situationen hinter sich zu wissen oder ihn hinter sich zu bringen, das heißt, man muss ihn im eigenen Rücken als Stütze haben. Je stärker nämlich dieser Konsens ist, desto geringer ist auch die Notwendigkeit, ihn argumentativ gegen jemanden zu vertreten.

Ein Beispiel: Vor 1968, als noch vieles anders war als heute, reichte die Bemerkung: »Es gibt halt ungeschriebene Gesetze« völlig aus, um einen Studenten aus einem Studentenwohnheim zu verweisen, nur weil er im gleichen Hause im Zimmer seiner Freundin genächtigt hatte. Und der Aufwand, den derjenige zu treiben hatte, der diesen allgemeinen Konsens in Frage stellen wollte, war erheblich. Wieso soll man denn etwas umständlich begründen, was sowieso alle meinen? Mühe soll sich derjenige geben, der allein gegen alle steht. Das Beispiel zeigt noch etwas: Konsense können sich ändern, manchmal sogar ziemlich abrupt.

Nun mögen sich diese Festellungen so anhören, als sei der *soziale Konsens* so etwas Ähnliches wie der Kitt, der die Mehrheit der Bornierten gegen den einsamen originellen Querdenker zusammenhält. Zwar hat der *soziale Konsens* oft genug eben genau diese Funktion, aber wie alle Medaillen hat auch diese ihre Kehrseite, eine positive und absolut unzynische. Denn ganz sicher kann es etwas für sich haben, wenn man Dinge sagt, die andere auch meinen. Denn das heißt, dass man die Dinge so sieht, wie andere sie sehen, und das wiederum bedeutet, dass man an einer gemeinsamen Vorstellungswelt teilhat, dass man ein soziales Wesen ist. Nicht zuletzt: Man hat stabile Orientierungen und weiß in vielen Situationen, wie man sich verhalten soll. Ohne diesen mehr oder minder stark ausgeprägten sozialen Anteil an jedem Individuum wäre keine menschliche Gesellschaft überlebensfähig. Wenn also (fast) jeder und jede diejenigen Standardausdrücke benutzt, die unser Thema sind, dann akzeptieren auch alle oder jedenfalls die meisten deren Sinn und Geltung als Argument – als Sprecher und als Hörer, als Aggressor und als Opfer. Und deshalb denkt man meistens auch nicht sehr intensiv nach über das scheinbar Unproblematische, über das, was als selbstverständlich akzeptiert wird. Auch und gerade dann nicht, wenn man selbst tief in der Defensive steckt.

Initiative	*Replik*
»Das mache ich immer so.« »Das habe ich noch nie gemacht.«	»Dann probier halt mal was anderes aus.«

Sozialer Konsens als Waffe

Man erhöht also die Verbindlichkeit der eigenen Ansichten, aber auch der eigenen Forderungen, wenn man einen sozialen Konsens gegen den Gegner mobilisiert. Anders gesagt: Es ist strategisch von großem Vorteil, wenn man sagt oder sagen kann: »Alle meinen beziehungsweise wollen das und das.« Egal, ob das stimmt. Egal, ob dieser Konsens wirklich existiert oder ob er zum Zweck der Auseinandersetzung ganz einfach nur erfunden wurde. Diesen Punkt müssen wir festhalten: Viele werten ihre Ansicht ohne viel Umstände durch die Behauptung auf, diese sei allgemeiner Konsens – und wenn es nur durch das unscheinbare Wort *natürlich* ist. Dasselbe in anderer Formulierung: Den sozialen Konsens interpretiert jeder auf seine Weise und jeder macht ihn sich für seine Zwecke zunutze. Die erfolgreiche Mobilisierung eines Konsenses gegen seinen Gegner kann man auch so nennen: *sich einen (strategischen) Konsensvorteil verschaffen*. Hierher gehört im Extremfalle eben auch die »Konsenserschleichung«, also wenn ich mir, wie gesagt, diesen (eventuell gar nicht existierenden) Konsens einfach nur ausdenke. Das heißt, ich verleihe meinem Standpunkt oder meinem Bedürfnis die Würde eines allgemeinen Konsenses, die ihm gar nicht zukommt oder die sich zumindest mit Aussicht auf Erfolg bestreiten ließe.

In dem Film »Ödipussi« muss sich Loriot, als er sich eine eigene Wohnung nehmen will, von seiner Mutter anhören: »Alle jungen Männer schlafen bei ihren Müttern.« (Das passt ja auch wunderbar zu dem Filmtitel!) Manchmal ist die Mehrheit auch gar keine echte Mehrheit, sondern nur eine Scheinmehrheit, etwa die eigene Familie oder der Kollegen- oder Freundeskreis, dessen Auffassungen vielleicht eh etwas quer zum allgemeinen Konsens stehen, wenn es ihn im betreffenden Fall denn überhaupt gibt. Jenseits dieser Kleingruppe fände man vielleicht Leute, die einem zustimmen. Vielleicht hat die eigene Bezugsgruppe in Wirklichkeit sogar den Status einer Minderheit (bei Sekten ist das etwa der Fall). Die eigene Gruppe – das Elternhaus beispielsweise – wird jedoch in der Auseinandersetzung mit einem dissidenten Mitglied sicher alles tun, um sich selbst als Repräsentantin der gesamten Menschheit aufzuspielen. «Du bist der einzige, der ...« oder: »Musst du immer aus der Reihe tanzen?!« sind beliebte Sprüche in solchen Situationen.

Wir können also festhalten: Zwischen einem objektiv gültigen (das heißt von niemandem angezweifelten) Konsens – etwa dem, dass man anderen Leuten ihr Portemonnaie nicht wegnimmt – und einem fiktiven (vergleiche »Ödipussis« Mutter) sind alle Abstufungen möglich.

Wenn wir einen Konsens im Rücken oder auf unserer Seite haben, dann bedeutet das für unseren Gegner in aller Regel: Er kann sich nicht gleichzeitig auch auf einen Konsens stützen, sondern er steht allein da, er ist sozial isoliert. Dem *Konsensvorteil* entspricht also die Strategie der *sozialen Isolation* des Opfers. Will man den Konsensvorteil für sich, so muss dem Opfer klargemacht werden: »Du stehst allein da, niemand ist auf deiner Seite, niemand unterstützt dich ...« Eine wenig komfortable Lage, denn wer allein dasteht, der verliert nicht nur (vorübergehend oder für immer) den Schutz der Gruppe, sondern er muss sich darüber hinaus auch noch Anmaßung vorwerfen und sich fragen lassen: »Was bildest du dir eigentlich ein?« Oder: »Wer bist du eigentlich, dass du ...?« Und das, obwohl die Antwort eigentlich ganz einfach ist: »Ich bin ich.« Das müsste genügen. Ein eventuelles Hohngelächter der Gruppe als Reaktion darauf, natürlich zu demoralisierenden Zwecken angestimmt, sollte man dann allerdings aushalten können. Und das ist zugegebenermaßen nicht ganz leicht.

Initiative	***Replik***
»Wer bist du eigentlich, dass du ...?!«	»Ich bin ich.«

Die Privatisierung von Konsensen

Das Ödipussi-Beispiel (»Alle jungen Männer schlafen bei ihren Müttern«) zeigt uns in all seiner skurrilen Absurdität eines sehr schön: Es geht bei Konsensen, erschlichenen oder wirklich existierenden, eigentlich nur vordergründig um das, was normal, was allgemein der Fall ist oder sein sollte. In Konflikten geht es vielmehr um meine ureigenen Hier-und-Jetzt-Interessen. Ödipussi soll etwas, weil seine Mutter es so und nicht anders will, vielleicht weil sie Angst hat, allein zu bleiben. Und der Rest der Menschheit ist dabei für ihre Belange an und für sich ziemlich egal. Aber für die Argumentation eben auch wiederum nicht entbehrlich. Denn es verleiht einer Aufforderung eben doch ein anderes Gewicht, wenn man die gesamte Menschheit im Rücken weiß, als wenn man einfach nur sagt: »Du sollst in meinem Hause wohnen bleiben, weil ich das so will.« Soziale Konsense sind also in Auseinandersetzungen nicht an und für sich interessant, sondern deshalb, weil man sie für seine Zwecke nutzen kann. *Konsense können privatisiert werden* – für mich und meine Interessen im Hier und Jetzt. Weil ich meine Interessen sozial akzeptabel machen möchte.

Selbststandardisierung oder: »Wo ich bin, ist hier.«

Manchen ist es mehr oder minder egal, was andere über sie denken. Viele von uns jedoch brauchen das Gefühl, dass das so »richtig« ist, was sie sagen und tun. »Richtig« meint, dass andere auch genau so oder ähnlich handeln und denken würden. Das ist nichts anderes als sich auf einen sozialen Konsens zu berufen, an dem man teilhat. Wenn ich mein Handeln und Denken zum sozialen Standard erkläre, zum Normalverhalten, dann kann man dazu auch »Selbststandardisierung« sagen. Vielleicht klingt das sehr nach Egozentrik. Das kann es auch sein, aber es ist mehr als das. Die Selbststandardisierung trägt ganz entscheidend zu unserer sozialen Orientierungssicherheit bei. Aber Egozentrik kann, wie gerade festgestellt, eben auch im Spiel sein. Und in dieser Hinsicht täuschen wir uns hinsichtlich unserer Teilhabe am Konsens.

Ein Beispiel: Es kommt oft vor, dass jemand eine Sache, eine Person oder eine Information »interessant« findet und sich wundert, wenn ein anderer diese Auffassung nicht teilt. Dieser andere aber hat Recht, denn es geht in diesem Falle ja nicht darum, ob der Himmel blau oder ein Wochenende verregnet ist. Darüber kann man nicht streiten. In einem Fachbuch müsste es an dieser Stelle heißen: »Interessant« ist eine »zweistellige Relation«, das heißt, interessant ist etwas *für mich*, aber möglicherweise nicht für Sie (dass etwas »blau für mich« sei, hätte keinen

Sinn). Mit anderen Worten: Selbststandardisierung gibt uns die erforderliche Orientierungs- und Verhaltenssicherheit. In Auseinandersetzungen mit anderen bewahrt sie uns jedoch nicht vor Selbsttäuschungen (indem wir etwa meinen, ein Film sei interessant so wie ein Apfel rot). Täuschen können wir aber nicht nur uns selbst, sondern auch die lieben Mitmenschen, wenn wir unser Verhalten und unsere Auffassungen zum sozialen Standard erheben, obwohl sie das Gegenteil davon sind. Die extremeren Fälle nennt man »Chuzpe« (zu deutsch »Unverfrorenheit«). Mein Lieblingsbeispiel ist der Mörder seiner Eltern, der vor Gericht um ein mildes Urteil bittet, weil er doch nun ein armes Waisenkind sei (B. Brecht). Der erschlichene Konsens lautet so: Waisenkinder verdienen Mitleid.

Selbstverständlichkeiten und die Angst, allein dazustehen

Soziale Isoliertheit kann Angst erzeugen, sie tut es auch oft, und das ist von dem Aggressor sicherlich auch so vorgesehen. Offensichtlich spielt die Angst, man könne mit seiner Auffassung allein gegen andere dastehen, eine ganz entscheidende Rolle in Auseinandersetzungen. Dieses *Prinzip der sozialen Isolierung* abweichender Meinungen dürfte in Straßengangs ähnlich funktionieren wie in der Ortsgruppe, egal welcher Partei, oder im Lehrerkollegium, gleich welcher Schule (mit dieser Parallelität möchte ich natürlich niemandem auf die Füße treten). Es ist wohl letztlich diese Angst vor Ausgrenzung, die Angst, als Sonderling dazustehen, die andere mit großem Geschick zu mobilisieren wissen. Und die manche es für angezeigt halten lässt, in einer Konfliktsituation lieber zu schweigen, obwohl dies oder jenes zu sagen wäre. Aber hat die Mehrheit immer und in jedem Fall Recht? Und geht es überhaupt um diese Frage? Das naive, unreflektierte Mehrheitsprinzip (»die Mehrheit hat immer Recht«) schließt die Möglichkeit aus, es gebe einen sinnvollen Standpunkt jenseits der Mehrheit. In Wirklichkeit bezieht sich das Mehrheitsprinzip aber nicht auf Meinungen oder Urteile, sondern auf Entscheidungen. *Was die Mehrheit meint oder will, ist weder richtig noch falsch.* Vielmehr geht es um Folgendes: *Das, was die Mehrheit will, das wird gemacht.* Und ob die Entscheidung richtig ist, das heißt zum Erfolg führt, wird sich dann hinterher zeigen. Was die Mehrheit will, das ist also nicht von vornherein richtig, allenfalls *gilt* es als richtig. Das ist nicht dasselbe.

Selbstverständlichkeiten wie die Standardausdrücke, die unser Thema sind, sind Selbstverständlichkeiten eben deshalb, weil wir über sie nicht weiter nachdenken. Soweit waren wir schon. Und dass wir über sie nicht weiter nachdenken, sondern sie unreflektiert akzeptieren, das macht einen ganz beträchtlichen Teil unserer Orientierungs- und Verhaltenssicherheit aus. Selbstverständlichkeiten haben also auch ihr Gutes: Zwar engen sie unseren geistigen Horizont ein und ebenso das Spektrum unserer

Möglichkeiten zu handeln, aber sie geben, wie gesagt, auch klare Orientierungen. Allerdings kann genau dieses Nichtnachdenken so hilflos machen, wenn wir mit einer dieser Standardformeln konfrontiert werden und reagieren müssten, aber nicht können, wenn wir also die Trumpfkarte nicht selber ausspielen, sondern wenn wir sie bedienen sollen. Natürlich weiß ich, dass der eine oder andere Trumpf denn doch nicht mehr so leicht sticht. Beispielsweise hat sich schon mal jemand auf den Vorwurf: »Wenn das nun jeder machen würde!« die Reaktion einfallen lassen: »Macht aber nicht jeder, nur ich.«

Werbung um Komplizen

Lebenshilfebücher geben einem nicht selten den gut gemeinten Rat, man möge sich in Konfliktsituationen darauf verständigen, dass es zu einem Problem nun mal verschiedene Auffassungen gebe und dass das eben ganz in Ordnung so sei. Richtig, das klingt gut! Es klingt aber auch ein bisschen nach Sonntagsschule. Die alltägliche Realität zwischenmenschlicher Auseinandersetzungen sieht oft etwas anders aus. Viele Menschen tolerieren andere Auffassungen als ihre eigenen überhaupt nicht oder nur mit großem Unbehagen und versuchen deshalb, die Sichtweise ihrer Mitmenschen zu beeinflussen. Dies nicht immer nur aus Herrschsucht (das aber ganz sicher auch!), sondern weil mit jeder Meinungsverschiedenheit die Beziehungen zwischen Menschen einer Gefährdung ausgesetzt sind (»Hält der andere mich für dumm, wenn wir beide unterschiedlicher Meinung sind?«). Damit sind die Grenzen der Toleranz für andere Auffassungen markiert.

Die wenigsten, so hatten wir festgestellt, stehen mit ihren Ansichten gerne allein da, schon gar nicht dann, wenn sie angegriffen werden. Nun gibt es dagegen ein sehr probates Mittel, es ist die Werbung um *Komplizen.* Es geht hier ganz sicher nicht um Mitwirkende bei kleineren oder größeren Gaunerstücken, sondern darum, dass man andere auf seiner Seite weiß, deren Zustimmung oder Applaus stabilisierend wirken – übrigens auch und ganz besonders, wenn man selbst der Aggressor ist. Ob diese anderen konkret danebenstehen oder ob man sie sich hinzu denkt, wenn man mit seinem Gegner eine Auseinandersetzung unter vier Augen führt, ist dabei nur von sekundärer Bedeutung. Um Gaunereien, wie gesagt, geht es nicht, aber ein gewisses Maß an Schlitzohrigkeit ist gewiss auch kein Hindernis für den, der hier Erfolg haben will. Wenn nämlich der Gegner unsere Tricks schon auf den ersten Blick durchschaut, dann können wir gleich einpacken. Genau Letzteres aber passierte einmal einem Innenminister der Bundesrepublik Deutschland (Hermann Höcherl war es), der versuchte, den Vorwurf, er habe sich nicht ganz verfassungskonform verhalten, in etwa folgender Weise zu kontern: »Ich kann doch nicht jeden Tag mit dem Grundgesetz unter dem Arm herumlaufen.« Dieser Konter erwies sich als ein Schuss in den Ofen, denn die halbe Republik lachte über ihn. Aber diese Reaktion ist hier gar nicht so wichtig. Der Minister tat Folgendes: Er unterstellte der anderen Seite, das heißt seinen Kritikern, eine Ansicht, die diese wegen ihrer Absurdität entweder überhaupt nicht oder in dieser Form niemals vertreten würden, und griff diese Ansicht dann mit der zitierten Bemerkung an. Sein Ziel war die Werbung für seine Position: »Jeder vernünftige Mensch muss doch einsehen, dass ich Recht habe und meine Kritiker Unrecht.« Die Komplizen – das sind in diesem Falle »alle vernünftigen Menschen«. Diese Form der Werbung um Komplizen – der anderen Seite wird eine völlig absurde Ansicht unterstellt – könnte man »Absurdisierung« nennen; sie kommt in alltäglichen Auseinandersetzungen ziemlich oft vor. Es ist der Versuch, den Gegner zu einer spinnerten Figur zu machen, gegen die man selbst ganz einfach Recht haben muss.

Es gibt mildere und weniger auffällige Formen der Werbung um Komplizen. »Bist du *nicht* auch dieser Meinung?« In dem unscheinbaren Wort *nicht* steckt die Erwartung an den anderen: »Bestätige meine Ansichten, sei mein Komplize.« Im Prinzip genau das Gleiche leistet das ebenso unscheinbare *Etwa:* »Bist du *etwa* auch dieser Meinung?« Dahinter steckt: »Eine bestimmte Ansicht finde ich absolut unmöglich, und nun tu du mir bitte den Gefallen und finde sie nicht gerade gut.« Auch dies ist eine Werbung um Komplizen.

Wörter wie *nicht* und *etwa* – beide transportieren also bestimmte Erwartungen an den Gesprächspartner – haben es in sich.

Der versteckte Appell an die Komplizen, von dem eben die Rede war, findet sich auch in den Redewendungen: »Nun hör dir das an!« und: »Habt ihr/hast du das gehört?« Oberflächlich betrachtet, klingt das wie ein Aufmerksamkeitsappell an einen Anwesenden oder mehrere, aber es ist noch etwas anderes. Es ist die unausgedrückte Aufforderung, eine bestimmte Bewertung oder eine bestimmte Einstellung des Sprechers – oft ist es Empörung – zu teilen. »Solidaritätsappell« könnte man diese Aufforderung auch nennen. Das gleichfalls oft zu vernehmende »Hört! Hört!« im Deutschen Bundestag oder überall dort, wo kontrovers diskutiert wird, gehört selbstverständlich ebenfalls in diesen Zusammenhang.

Mit rationaler Argumentation hat die Werbung um Komplizen oft nicht gerade viel zu tun. Der Ausdruck »Die Lacher auf seine Seite ziehen« verrät einiges davon. Die Komplizen werden auch nicht in jedem Falle nur umworben, als hätten sie totale Entscheidungsfreiheit, sondern oft auch massiv unter Druck gesetzt. Mit dem Resultat, dass sie vielfach nur diejenigen sind, die es mit dem Aggressor nicht verderben wollen – aber dem reicht das ja oft. Nicht selten sind die Komplizen ganz einfach auch nur diejenigen, die froh sind, dass sie nicht gerade »dran« sind, und deshalb mitlachen, wenn es gegen jemanden geht. Vielleicht nicht gerade ein Zeugnis von vornehmer Gesinnung, aber durchaus menschlich.

Wer um Komplizen wirbt, der will, dass seine Bewertungen geteilt werden. Wie wir gesehen haben, geht es dabei hauptsächlich um personenbezogene Bewertungen.

Wenn man solche Bewertungen nicht teilen, das heißt die angesonnene Komplizenschaft verweigern will, hat man eine ganze Palette von Möglichkeiten:

– man kann offen widersprechen (»Das ist doch Quatsch, was du da redest!«).

– man kann darauf hinweisen, dass es zu dem aktuellen Problem mehrere Ansichten gibt (Pluralität der Perspektiven), etwa so: »Das kann man auch ganz anders sehen.«

– eine beliebte Variante ist diese: man *weicht von der Bewertung auf die Erklärung aus:* »Der C. hat ja überhaupt keine Manieren.« – »Hat er eben nicht gelernt.« Vielen Menschen sind negative Bewertungen (positive Bewertungen sind ja sehr viel seltener problematisch) ausgesprochen unangenehm. Durch eine Erklärung (vgl. das Beispiel) soll eine negative Bewertung gegenstandslos gemacht werden. Kritisieren könnte man demnach nur das, was jemand zwar kann, aber nicht anwendet.

– eine negative Bewertung wird ebenfalls gegenstandslos gemacht, indem man zur »Alle-sind-so«-Formel greift.

– eine Verschiebung des Relevanzbereiches liegt vor in der Formel: »Es gibt nicht X, es gibt nur Y.« Wer also mit dem Wetter unzufrieden ist, kann sich anhören: »Es gibt kein schlechtes Wetter, es gibt nur ungeeignete Kleidung.« Ähnlich: »Es gibt keine dummen Schüler, es gibt nur schlechte/faule Lehrer.« Der Partner sieht also die Bewertungsbedürftigkeit ganz woanders als der Sprecher.

Wer sich der Komplizenschaft verweigert, kann gute Gründe dafür haben. Es kann nämlich durchaus sinnvoll sein, bestimmte Bewertungen nicht zu teilen, weil man sonst riskiert, zu Handlungen aufgefordert zu werden, deren Konsequenzen einem unangenehm sein könnten (»Wenn Sie das und das nicht gut finden, dann unternehmen Sie doch etwas dagegen!«).

Was steckt dahinter?

Ich habe in den ersten Kapiteln zwischen den Ausdrücken »Redensarten, Standardausdrücke, Fertigteile« und »Routineformeln« variiert. Ich werde ab jetzt etwas häufiger den Ausdruck »Joker« aus dem Kartenspiel verwenden. Jeder weiß, wozu ein Joker gut ist.

In manchen Beispielen ist der soziale Konsens, also das, wovon die meisten überzeugt sind, mit Händen zu greifen: »1 Million zufriedene Kunden können sich nicht irren.« Dieser Satz braucht keine Interpretation. Er lässt sich allenfalls problemlos parodieren mithilfe der hunderttausend Lemminge, die sich ebenfalls nicht irren können, wenn sie über die Klippen in die Tiefe springen. Und es fällt auch nicht besonders schwer, hinter dem Vorwurf: »Das ist aber nicht konsequent«, den Grundsatz zu entdecken: »Man muss konsequent sein.«[3] Aber nicht immer ist das so einfach. Der Konsens ist manchmal versteckt, nicht ganz leicht in den Griff zu bekommen und deshalb schwerer zu problematisieren.

Schwieriger wird deshalb auch der Entlastungsangriff des Opfers.

Nehmen wir etwa folgendes Beispiel: Ein Kunde meldet sich bei einer Firma, weil sein gerade gekaufter Multimediacomputer oder was auch immer weder Bild noch Ton von sich gibt. Bei einer Firma mit schlechtem Service kann er als Reaktion unter anderem erwarten: »Sie sind der Erste, der sich beschwert.« Wenn man eine Reklamation loswerden will, ist man ziemlich oft der Erste und bleibt meistens auch der Einzige. Wer Ihnen sagt: »Es haben sich heute schon dreißig vor Ihnen beschwert«, der ist wahrscheinlich noch nicht richtig eingearbeitet. Dass man der Einzige sei, ist zunächst einmal eine Feststellung, egal ob richtig oder falsch, aber noch kein Konsens und ein Argument schon gar nicht. Dazu wird diese Feststellung erst, wenn man die Auffassung, die dahinter steht, in den Blick nimmt: »Sie sind der Einzige, der sich beschwert, und da Sie etwas tun, was andere nicht tun, müssen Sie schon ein ziemlicher Sonderling sein.« Der Mitarbeiter der Firma wird sich natürlich hüten, dies laut zu sagen und noch dazu wörtlich. Und was antwortet man auf die Feststellung: »Sie sind der Erste ...«? »Einer ist immer der Erste« beispielsweise.

Auch nicht leicht hat man es mit dem Joker: »Ich habe es doch nur gut gemeint.« Dahinter steht der ziemlich verbreitete Konsens: »Die gute Absicht ist genauso wichtig wie oder noch wichtiger als das Resultat, und eine gute Absicht kritisiert man doch nicht.« Vielleicht lässt sich dieser Trumpf mit etwas weniger Aufwand bedienen: »Glaubst du vielleicht, das habe ich nötig?!« (etwa als Reaktion auf den Vorwurf, man habe innerhalb der Familie jemanden bei Erbschaftsstreitigkeiten gewaltig über den Tisch gezogen). Dahinter steht die Auffassung: »Was einer nicht nötig hat, das tut er konsequenterweise auch nicht.« Und wenn er es inkonsequenterweise nun doch tut? Hinter jeder dieser Redensarten steckt also ein ganzer Komplex von Vorstellungen, die man alle mit akzeptiert, wenn man sich ohne weiteres Nachdenken auf die jeweilige Redensart (genauer gesagt deren Anspruch auf Gültigkeit) einlässt. Mit diesen Vorstellungen muss man sich aber in jedem Falle auseinandersetzen, wenn man sich mit Aussicht auf Erfolg wehren will.

Initiative	***Replik***
»Eine Million zufriedene Kunden können sich nicht irren.«	»Hunderttausend Lemminge auch nicht.«
»Sie sind der Erste, der sich beschwert.«	»Einer muss den Anfang machen.« »Einer ist immer der Erste.«
»Glaubst du vielleicht, das habe ich nötig?«	»Kein Grund, das nicht zu tun.«

Die Spitze des Eisberges oder: Die Unvollständigkeit alltagssprachlicher Argumentation

Der Eisberg mit seiner sichtbaren Spitze musste schon zur Illustration sehr vieler abstrakter Sachzusammenhänge herhalten. Auch für unsere Zwecke eignet er sich bestens. Er soll uns das veranschaulichen, was sich zu den Beispielen: »Sie sind der Erste, der sich beschwert« beziehungsweise »Ich hab's doch nur gut gemeint« sagen lässt. Die Spitze des Eisberges ist also das, was laut gesagt wird, der sehr größere Unterwasser-Teil das, was ungesagt dahinter steckt.

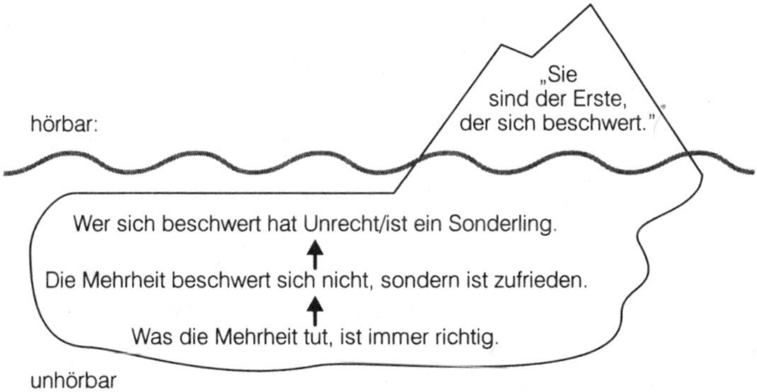

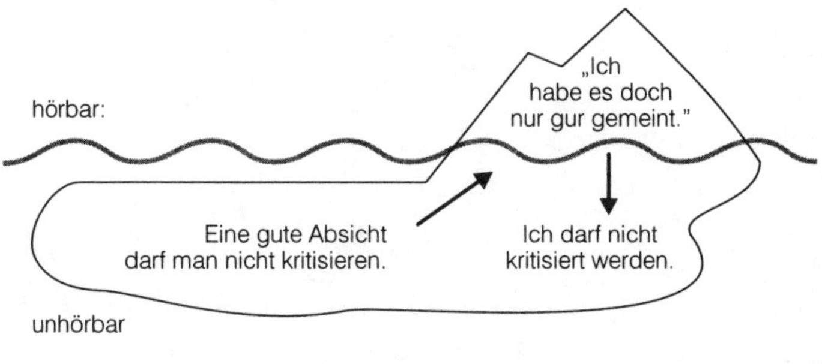

Definitions- und Bewertungskompetenz oder: Die tägliche Gehirnwäsche

Sofern Auseinandersetzungen noch nicht ihre höchste Eskalationsstufe erreicht haben, bei der nur noch verbale Grobheiten ausgetauscht und Prügel angedroht oder gar verabreicht werden, geht es in zwischenmenschlichen Konflikten meistens darum, *die eigene Sehweise der Dinge für andere verbindlich zu machen.* Das, was meiner Meinung nach der Fall ist, das *ist* auch der Fall, und eine Sache verhält sich so, wie *ich* sie sehe. *Ich* sage, *was* ist und was nicht ist. Und ich sage, *wie* etwas ist. Mein Ziel ist es dabei: Was für mich Tatsache ist, das hat auch für diejenigen, mit denen ich mich streite, der Fall zu sein. Ich versuche also, die Definitions- und Bewertungskompetenz an mich zu ziehen. Derjenige zieht mit Erfolg die Bewertungskompetenz an sich, der dem anderen zum Beispiel klarmacht, was Priorität hat und was weniger wichtig ist. Oder derjenige, dem es gelingt, die »Komplizen« auf seine Seite zu ziehen. »Stell dich nicht so an!« – »Hab dich nicht so!« – »Sei kein Frosch!« Das sind Bewertungen fremder Verhaltensweisen, wobei in allen drei Beispielen der Gedanke: »Man darf nicht überempfindlich sein« mobilisiert wird. Im Extremfalle geht dies so weit, dass der Ausdruck »Gehirnwäsche« allenfalls eine milde Übertreibung ist.

Strategische Argumentation

Ein erster Hinweis

Der Vergleich mit Spiel und Sport hat uns in der Einleitung für eine erste Orientierung gute Dienste geleistet, aber nicht jede Meinungsverschiedenheit läuft so einfach ab wie eine Partie Tischtennis oder eine Runde Skat. Denn im gar nicht so seltenen Extremfalle weiß einer der beiden Kontrahenten – in der Regel das Opfer – überhaupt nicht so recht, was bei diesem Gegensatz der Ansichten und Interessen eigentlich gespielt wird. Mit anderen Worten: was der andere will, welche Strategie er verfolgt. Ich sehe zwar oder ahne zumindest: Der andere will etwas, was ich selber ganz bestimmt nicht will, aber was ist das genau, und wie macht er das, wie versucht er, sein Ziel zu erreichen? Und wie kann ich das verhindern?

In unserem Falle versucht der andere, seine Strategie durchzusetzen, indem er Dinge sagt, die tatsächlich oder vermeintlich alle akzeptieren. Soweit waren wir schon. Das hat aber zur Folge: Ich selbst als sein Gegner muss ihm entweder zustimmen. Das ist überhaupt nicht mein Interesse. Oder ich habe den Rest der Menschheit gegen mich, wenn ich dazu nicht bereit bin. Auf den ersten Blick ist das auch nicht viel besser, denn mit dem Rücken zur Wand steht es sich nicht sehr komfortabel. Beide Alternativen sind also zunächst einmal wenig reizvoll. Wenn ich mich auf dieses Spiel erst einmal einlasse, aber seine Regeln nicht durchschaue, habe ich nicht mehr viel zu gewinnen. Wer aber ungern verliert, wer etwas Kompetentes erwidern will, der muss die gegnerische Strategie durchkreuzen. Der muss durchschauen, was da gespielt wird. Und er wird sich auch und vor allem mit den Selbstverständlichkeiten, von deren Sinn er wahrscheinlich sogar selbst überzeugt ist, auseinandersetzen müssen. Er muss das scheinbar Unproblematische in Frage stellen. Aber vielleicht sind am Ende manche Selbstverständlichkeiten gar nicht mehr so selbstverständlich. Wir werden sehen.

Ein Beispiel: »Wer im Glashaus sitzt ...«

Jeder kennt das Sprichwort: »Wer im Glashaus sitzt, der soll nicht mit Steinen schmeißen.« Mit dem Glashaus ist natürlich das gläserne Gewächshaus gemeint. Als Joker wird in Kontroversen dann meistens die verkürzte Version ausgespielt: »Du sitzt im Glashaus.« Eine etwas gröbere Variante, die aber genau das Gleiche meint, wäre: »Du hast es grade nötig!« Man hat selbst ausgesprochen schlechte Karten in der weiteren Auseinandersetzung, wenn man den Sinn und vor allem die Allgemeingültigkeit dieser Redewendung mit dem Glashaus nicht weiter in

Frage stellt, sondern sie als selbstverständlich und allgemeingültig hinnimmt, sich ihr also unterwirft.

Derjenige, der da im Glashaus sitzt, ist nicht selten ein unbequemer Kritiker. Meistens soll seine Kritik abgeblockt werden. Der Kritiker selbst soll am besten gleich mundtot gemacht werden. Es gibt natürlich Fälle, in denen der Kritiker besser von vornherein seinen Mund gehalten hätte, aber die lassen wir jetzt beiseite. Wenn man aber keine Lust hat, sich in dieser Weise abblocken zu lassen, könnte man ja einmal darüber nachdenken, ob dieser Joker nicht gelegentlich einfach nur eine Karo Sieben ist. Vielleicht sitze ich tatsächlich im Glashaus, aber was macht das schon? Vor allem: Was hat das andere zu interessieren? Ich muss mich deshalb noch lange nicht geschlagen geben. Ich könnte etwa erwidern: »Es ist nett, dass du dir über die Scheiben meines Glashauses Gedanken machst, aber wenn ich die zerschmeiße, ist das wohl eher mein Problem als deins. *Sag mir lieber, dass ich am Ziel vorbeigeworfen habe.* Das wäre erheblich interessanter. Für die kaputten Scheiben lasse ich dann den Glaser kommen.« Für Kurzfassungen lässt man die beiden letzten Sätze weg, denn auch hier gilt wieder eine Maxime: Beim Konter nicht zu wortreich werden!

Initiative	***Replik***
»Du sitzt im Glashaus/ hast es grade nötig!«	»Sag mir lieber, dass ich Unrecht habe.«

Die Abwehr von Kritik

Ich sagte vorher: Wenn ich das Spiel nicht durchschaue, habe ich schon halb verloren. Aber was genau ist das Spiel? Zum Spiel gehört einmal die hochgradige Konsensfähigkeit des Jokers, den unser Gegner ausspielt, ich erwähnte sie gerade, aber eben auch der Handlungszusammenhang, die Strategie, das, was der andere im Schilde führt. Der Weg, der den anderen zum Ziel führen soll, den Sieg über uns. Standardformulierungen, wie wir sie hier unter die Lupe nehmen wollen, haben die Funktion von Argumenten und damit eine strategische Funktion in Auseinandersetzungen, sie dienen somit der Erreichung eines bestimmten Zieles. Gut also, wenn wir besagte Konsensfähigkeit erkennen. Noch besser, wenn wir die Strategie durchschauen.

Hier müssen wir einige Strategien unterscheiden: zunächst solche, die in alltäglichen Auseinandersetzungen immer wieder vorkommen und die wir deshalb ja auch eigentlich alle kennen.

Eine ganz gängige Strategie ist zum Beispiel die *Abwehr von Kritik*, denn wer lässt sich schon gerne kritisieren? Auch wenn der soziale Konsens von uns verlangt, man müsse Kritik aushalten können (Joker: »Du kannst nur keine Kritik vertragen«). Denn Kritik ist ja sehr oft mit Angriffen auf die persönliche Würde des Kritisierten gekoppelt, das heißt, sie zielt oft genug darauf ab, sein Image zu demontieren. Und deshalb wird sie auch meistens abgewehrt. Ziel ist es also, sich unangreifbar zu machen. Sich selbst oder jemanden, den man in Schutz nehmen möchte, gewissermaßen gegen Kritik zu immunisieren, wie eine Art Schutzimpfung. Man kann diese Strategie deshalb auch »Immunisierungsstrategie« nennen. Das Sprichwort mit dem Glashaus gehört ganz sicher hierher. Es spricht dem Kritiker das Recht zur Kritik ganz einfach ab. Man erspart sich so die sachliche und vielleicht auch unbequeme Auseinandersetzung mit ihm.

Die Immunisierungsstrategie, also die Abwehr von Kritik, hat verschiedene Varianten.

1. »Sie machen wohl nie was falsch?«

Dasselbe wie in der Redewendung mit dem Glashaus (der Kritiker hat zur Kritik kein Recht) geschieht in der unbestreitbar richtigen Feststellung: »Jeder macht mal einen Fehler« und ebenso in der rhetorischen Frage: »Sie machen wohl nie einen Fehler?« oder: »... nie was falsch?« (Mögliche Antwort: »Darüber reden wir, wenn ich einen gemacht habe/wenn es soweit ist.«) Dahinter steht das Bibelzitat: »Wer von euch ohne Sünde ist, der werfe den ersten Stein« (Johannes 8, 7). Oder auch dasjenige vom Splitter im fremden Auge und dem Balken im eigenen (Matthäus 7, 3–5). Und wahrscheinlich gehört in diesen Zusammenhang auch noch das Sprichwort: »Ein jeder kehre vor seiner Tür.« So viel gesammelte Bibel- und Volksweisheit soll jegliche Kritik am anderen praktisch unmöglich machen, denn wer ist schon ein Heiliger?

2. *»Ich hab's nicht so gemeint.«*

Wenn sich jemand vor anderen unmöglich gemacht hat, etwa durch mangelnde emotionale Kontrolle, wenn er jemanden angeschrien hat, dann sagen diejenigen, die ihm wohlwollen, schnell: »Er hat es nicht so gemeint.« Das betreffende Verhalten soll damit der Diskussion und der Kritik entzogen werden. Dahinter steht der Konsens: Erst wenn die Absichten wirklich böse wären, dürfte Kritik einsetzen. Wieso eigentlich nicht schon vorher? Etwa wenn gute Absichten schlecht umgesetzt werden? Und woher weiß man das eigentlich immer so genau, wer was wie gemeint hat? Aber wie auch immer: Nimmt man die Erwiderung: »Er hat es nicht so gemeint« ernst, dann dürfte man in der Konsequenz nur noch Absichten, aber keine Handlungen mehr kritisieren. Im übrigen gilt dieser Konsens, dass man gute Absichten nicht kritisiert, natürlich nur für mich, meine Freunde und die lieben (und nicht etwa die bösen) Verwandten. Aber diejenigen, die mir alles andere als nahestehen, die haben es nicht gut gemeint, die haben natürlich nur böse Absichten. Ist doch klar.

Aber der vielfach variierte Hinweis auf die guten Absichten, die man hatte, der soll oft auch von der Tatsache ablenken, dass da jemand einen Flop gelandet hat. Wenn nämlich einer sagt: »Ich hab's doch nur gut gemeint«, dann sagt er dies bestimmt nicht gerade dann, wenn er einen großen Erfolg in seine Scheuern fahren konnte, wenn ihm alle Geschäfte gelungen sind und ihm stehend applaudiert wird. Wer also sagt: »Ich hab's doch nur gut gemeint«, der lässt sich schlauerweise gar nicht erst auf die Verteidigung eines Resultates ein, an dem vermutlich nicht mehr viel zu verteidigen ist, sondern er zieht sich lieber gleich auf die Defensivposition zurück, die wir mittlerweile kennen: »Eine gute Absicht kritisiert man doch nicht.« In die gleiche Richtung zielt die Variante mit negativer Formulierung: »Es war doch keine böse Absicht.« Das sagte vor ein paar Jahren einmal ein Handwerker zu mir, der vergessen hatte, vor seiner Reparatur das Wasser in der Küche abzustellen; meine Wohnung war danach zur Hälfte geflutet. Ganz ähnlich sagte ein Brandstifter einmal im Radio, nach seinen Motiven befragt: »Ich hab' det nich jewollt.« Und in einer Fernsehsendung offenbarte sich jemand, der zu den Motiven einer rekordverdächtigen Serie von außerehelichen Beziehungen um Stellungnahme gebeten wurde, mit der Erklärung: »Ich bin da so reingerutscht.« Also kein finsterer Entschluss, anderen zu schaden, den man kritisieren könnte; sondern *einfach so.* Was soll man dazu noch sagen? An soviel Absichtslosigkeit laufen kritische Kommentare sich tot, und das sollen sie vermutlich auch.

Noch eine andere Redewendung liegt ganz in der Nähe: »Den guten Willen für die Tat nehmen.« Manchmal reicht das ganz einfach nicht. Manchmal sind nämlich Taten gefragt. Es zählen nicht nur die Motive, es zählt auch und vor allem die Art, wie sie realisiert werden.

Hinter diesen verschiedenen Redewendungen von der guten Absicht steckt ein ganz gängiges Handlungsmuster: Wer Erfolg hatte, der redet über seinen

Erfolg, das heißt über Tatsachen und Resultate. Wer keinen Erfolg hatte, das heißt, wer über Fakten und Resultate aus gutem Grund nicht reden möchte, der redet über seine guten Absichten oder den Mangel an schlechten Absichten. Es tut mir Leid, wenn dieses Resümee sich möglicherweise etwas kaltherzig anhört, es ist jedoch eine allgemeine Lebenserfahrung. Wir könnten diese Variante der Immunisierungsstrategie etwas umständlicher so nennen: Ablenkung von den Fakten/Tatsachen und Konzentration auf die Motive/Absichten.

3. »Mach's doch besser!«

Eine weitere und gleichfalls sehr gängige Variante der Immunisierungsstrategie ist: »Mach's doch besser!« oder: »Besser machen!« Bei dieser Erwiderung geht es gar nicht darum, ob der Kritiker mit seinem Urteil Recht oder Unrecht hat (dass ihm in der Sache selbst nicht widersprochen wird, sagt immerhin schon einiges). Ihm soll wiederum das Recht zur Kritik abgesprochen werden. Dahinter steckt die gerade bei uns zu Lande äußerst beliebte Auffassung, dass nur derjenige ein Recht zur Kritik hat, der eine Sache besser machen kann als der Kritisierte. Eine Sache besser machen – das muss der Kritiker ganz einfach nicht! Bereits Lessing stellte vor etwas mehr als zweihundert Jahren die Frage, ob man denn erst kochen gelernt haben müsse, ehe man sagen dürfe, eine Suppe sei versalzen. Eine ganz simple Überlegung sagt uns außerdem: Ein Kunstkritiker muss nicht einmal ein Gänseblümchen zeichnen können, um sein Geschäft kompetent zu betreiben. Jedenfalls fragt, soviel ich weiß, keine Zeitungsredaktion nach solchen Künsten, wenn sie seine Artikel abdruckt. Und ein Theaterkritiker muss nicht selbst schon einmal als Hamlet auf der Bühne gestanden haben. Viel interessanter ist doch die Frage, ob der Kritiker mit seiner Kritik Recht hat oder ob er daneben liegt. Die Situation ist ganz ähnlich wie bei dem »Glashaus«-Joker.

4. »Alle machen das, alle sind so.«

Eine vierte Variante der Immunisierungsstrategie könnte man »Normalisierung« nennen. Wenn man jemanden nicht kritisieren oder Kritik an ihm nicht zulassen will, dann kann man auch alle seine Eigenschaften und Handlungsweisen, die von anderer Seite problematisiert werden, als normal etikettieren, als menschenüblich, als Standardverhalten. Die gängigen Redewendungen sind: »Alle machen das so, alle sind so«; »Das ist menschlich«; »Das ist das Alter«; »Männer sind so«; »Es sind Kinder«; »Der Friedolin fährt nun mal leicht aus der Haut«. Dahinter steckt der Konsens: Die Mehrheit hat Recht, und was sie tut oder auch als normal und richtig akzeptiert, das ist richtig, zumindest aber akzeptabel. Kritik soll damit gegenstandslos gemacht werden. *Denn es ist sinnlos, das Normale zu kritisieren.* Nur das Nichtnormale, das allerdings kann und soll man sogar kritisieren. Das Normale gilt als das Richtige, deshalb wäre es absurd, es zu kritisieren. Ganz nebenbei gesagt: *Normal ist aber das, was dafür gehalten wird.* Und das ändert sich von Zeit zu Zeit. Gerade die jüngere deutsche Geschichte gibt einem reichlich Beispiele dafür.

Will man hingegen jemanden kritisieren, so ist es strategisch von großem Vorteil, ihn zunächst auszugrenzen, das heißt ihn sozial zu isolieren, seine Verhaltensweisen – ja auch sein Äußeres wie Kleidung und Frisur – als unüblich zu etikettieren. Der Ausgegrenzte verliert damit den *Schutz der Normalität,* die ihn bislang vor Kritik bewahrt hatte. Noch einmal und etwas anders gesagt: Wenn man jemanden nicht kritisieren will oder Kritik an ihm nicht zulassen will, dann ist es im Sinne dieser Zielsetzung, seine Verhaltensweisen für normal zu erklären, egal, ob sie das sind oder nicht; wenn man dagegen jemanden kritisieren will, ist es sinnvoll, ihn als eine Art Außenseiter, als Sonderling hinzustellen, egal, ob er das ist oder nicht. Und wenn man jemanden angreift, den man in dieser Weise als Außenseiter etikettiert hat, ist die Wahrscheinlichkeit nicht sehr groß, dass sich jemand für ihn stark macht. Man braucht dann kaum noch mit massivem Widerstand zu rechnen. Und wenn man als Kritiker eines solchen Sonderlings auftritt, braucht man es ganz bestimmt nicht besser zu machen.

5. *»Ihr Antrag musste abgelehnt werden.«*

Eine weitere Variante ist die »Immunisierung durch Anonymisierung«. Mein Standpunkt ist in diesem Falle ein überpersönlicher, anonymer (hier: Funktion von *man*; Beispiel: Finanzamt: »Ihrem Antrag konnte nicht stattgegeben werden.«).

Die Sachlage ist eine quasi naturnotwendige. Es ist ja nicht einmal jemand genannt, der als persönlich verantwortlich auftritt (so etwa in der Variante: »Ich/wir kann/können Ihrem Antrag nicht stattgeben«). Dies macht den Adressaten hilflos und soll dem Sender die Unangreifbarkeit sichern.

6. *»Es ist schlimm mit mir.«*

Auch hier versucht jemand, sich unangreifbar zu machen, nur geht er ganz anders vor und zudem noch sehr geschickt: Er wehrt Kritik nicht ab, sondern formuliert sie selbst und macht sie dadurch gegenstandslos. Also doch eine Abwehr? Ja, aber eine ganz watteweiche und dennoch nicht minder wirkungsvolle.

Folgende Überlegung steckt dahinter: Wer seine eigenen Defizite von sich aus einräumt, der entschärft die Kritik, denn er macht den potentiellen Kritiker zum Langweiler; dieser würde ja nur wiederholen, was schon gesagt wurde, nämlich von dem Kritisierten selbst. Diese Strategie erfreut sich gerade bei den Sekundärtugenden beziehungsweise ihren Verfehlungen (Unordentlichkeit, Unpünktlichkeit,

Vergesslichkeit und so weiter), um die es den meisten Streit gibt, größter Beliebtheit. Wenn man in dieser Weise die *Flucht nach vorn* antritt, ist man nicht nur bestens gegen Angriffe gerüstet, sondern kann gelegentlich aus dieser Position auch noch leicht selbst zum Angriff übergehen – und dabei sieht es zunächst einmal gar nicht nach Angriff aus. Das offenherzige Eingeständnis: »Ich bin so schrecklich neugierig« als Einleitung oder nachgereichte Entschuldigung für eine ziemlich indiskrete Frage macht es dem Gefragten nicht gerade leicht, die Antwort zu verweigern. Denn – nicht wahr? – für soviel Selbsteinsicht hat man doch auch eine Gratifikation (in Form einer Antwort natürlich) verdient (auch dies also wieder ein Konsens!), die der Gegner vermutlich mehr oder weniger unwillig herausrücken wird. Es sei denn, er sagt: »Mit mir ist es auch ganz schlimm, ich bin gerade heute so furchtbar maulfaul.« Das ist zwar mehr als eine halbe Retourkutsche, aber wir wollen uns in puncto Kreativität auch nicht überfordern – zumindest in solchen Situationen nicht.

7. »*Was weißt* du *schon?!*«

Mit lästiger Kritik braucht man sich auch dann nicht auseinanderzusetzen, wenn man den Kritiker kurzerhand für inkompetent erklärt: Er weiß ganz einfach nicht, wovon er redet. Besonders hat er überhaupt keine Ahnung von den Motivationen dessen, den er kritisiert:

»Du hast überhaupt nicht verstanden, was ich wollte.« (Mögliche Reaktion: »Das war auch nicht mein Ehrgeiz.«)

Besonders wenn es um das Verhalten von Kindern und Jugendlichen geht, wird dieser Joker in der Diskussion zwischen Eltern und denen, die es nicht sind, aus dem Ärmel gezogen – und beispielsweise so gekontert: »Ich muss doch nicht unbedingt Pinguin sein, um zu wissen, dass es am Südpol kalt ist.« (TV-Serie »Drei mit Herz« am 27. 4. 99)

Es gibt außerordentlich subtile Formen: In einem Restaurant in Südfrankreich fand sich einmal auf meinem Teller ein Fisch, der offensichtlich schon bessere Zeiten gesehen hatte. Als ich die Chefin des ansonsten sehr charmanten Etablissements diskret auf diesen Sachverhalt hinwies, erhielt ich zur Antwort: »Monsieur ist wohl mit der Zubereitungsart dieses Fisches nicht so recht vertraut. Aber Sie können sich selbstverständlich etwas anderes von der Karte aussuchen.« Leider erfahren nicht alle Situationen dieser Art eine so elegante Lösung. Meine Kontrahentin hatte ihr Gesicht gewahrt, ich bekam, was ich wollte, und dass ich mich kurzfristig in der Rolle des unkundigen Deppen aus dem Norden wiederfand, war mir als Preis für das vorzügliche Perlhuhn, das ich dann bekam, nicht zu hoch. Beide Seiten hatten, was selten genug vorkommt, gewonnen. Dennoch: Das Muster war das übliche: *Die Kritik ist wegen Inkompetenz des Kritikers gegenstandslos.*

8. »Das ist meine Privatsache!«

Wir alle handeln gelegentlich aus ziemlich zwielichtigen Motivationen heraus: Habgier, Rachsucht, Geiz, Feigheit und so weiter. Das Menschlich-Allzumenschliche eben. Solche Motive kaschiert man am besten. Was aber, wenn man sich rechtfertigen soll? Wenn bestimmte Motivationen nicht oder nur schwer vermittelbar sind? Dann muss man sie aufwerten. In zwischenmenschlichen genauso wie in internationalen Angelegenheiten funktioniert dasselbe Muster. Der Vorwurf, ein Staat habe auf seinem Territorium Menschenrechte verletzt, wird auf diese Weise gekontert. Beispiel: *In innere Angelegenheiten eines Staates mischt man sich nicht ein* (auch das gehört zur »Abwehr von Kritik«). Eine Situation wird zur inneren Angelegenheit erklärt, in die man sich jede Einmischung von außen verbittet, und man ist aus dem Schneider (China – Tibet), wenigstens glaubt man es. Analog verhält es sich mit der Erklärung irgendeiner Situation zur privaten Angelegenheit; das impliziert nicht nur die Abwehr von Kritik, sondern auch die Abwehr des Zwanges zur Stellungnahme. Die Kritik ist damit wiederum gegenstandslos.

Ein anderes Beispiel: Ein Autoverkäufer machte einmal einem Kunden den Vorschlag, sein Auto mit etwas mehr Sicherheit auszustatten, also mit Airbag, ABS und so weiter, und kleidete seinen Vorschlag unvorsichtigerweise in die Frage: »Warum wollen Sie nicht ...?« Der so Gefragte sah sich plötzlich dem Zwang zur Stellungnahme ausgesetzt (mit der Möglichkeit, keine Argumente zu haben, drohendem Gesichtsverlust als Folge davon und so weiter) und konterte diese Frage mit der Bemerkung: »Das ist meine Sache.«

Inititative	***Replik***
»Du kannst nur keine Kritik vertragen.«	»Ich kann *deine* Kritik nicht vertragen.«
»Du machst wohl nie was falsch.«	»Darüber reden wir, wenn's soweit ist.«
»Ich hab's doch nur gut gemeint.«	»Aber schlecht gemacht.« (Vorsicht: verletzend!)
»Mach's doch besser!«/ »Besser machen!«	»Der Kritiker muss es nicht besser machen.«
»Ich bin so schrecklich neugierig.«	«Und ich so schrecklich maulfaul.«
»Du hast mich überhaupt nicht verstanden.«	»Das war auch nicht mein Ehrgeiz« (nur wenn man Kollisionskurs fährt)

Die Ablehnung der eigenen Verantwortung

»Das haben Sie *gesagt!« (heimliche Zustimmung)*

Die Motive, die Menschen in einzelnen Situationen leiten, sind, wie wir alle wissen, ziemlich vielschichtig. Keineswegs will zum Beispiel jemand nur Kritik von sich fernhalten und nichts weiter als das. Da dieses Buch keine menschliche Handlungstheorie entwirft, will ich auch nicht weiter untersuchen, ob bestimmte Motive in einer Zweck-Mittel-Relation zueinander stehen, einander neben- oder untergeordnet oder sonstwas sind. Es mag genügen, dass nicht nur ein Motiv handlungsleitend sein muss. Wer Kritik abwehren will, der will manchmal und nicht nur manchmal auch Verantwortung von sich fernhalten. Denn dies ist klar: Kritik ist dann sinnlos, wenn jemand für sein Handeln nicht verantwortlich ist. Dabei ist es wichtig, dass der Preis für diese im Großen und Ganzen recht komfortable Position nicht zu hoch ausfällt, denn mangelnde Zurechnungsfähigkeit bewahrt einen zwar vor Strafe, ruiniert aber auf Dauer das Ansehen in der Öffentlichkeit, das man möglicherweise genießt. Wichtig ist es also, sich als jemanden hinzustellen, der zwar alle fünf Sinne beisammen hat, den aber keine Schuld trifft. Letzteres ist dabei eindeutig die Hauptsache. Besser also, man macht hinsichtlich seiner Reputierlichkeit den einen oder anderen Kompromiss, ohne gleich als Kreti dazustehen. Die bereits zitierten Sprüche: »Das hab' ich nicht gewollt« und

»Ich bin da so reingerutscht« verweisen durch ihren Standardcharakter unausgesprochen auf die Unzulänglichkeiten psychischer Selbstkontrolle, die man mit den meisten anderen Menschen teilt. Man hat ja vielleicht gewollt oder nicht gewollt, aber in jedem Falle nicht gekonnt ... Die Frage, wer denn nun an einem bestimmten Umstand, dessen Misslichkeit ja gar nicht bestritten wird (»Ich kann doch nichts dafür«, lautet der Joker in dem entsprechenden Falle), schuld sein soll, bleibt offen. Im Zweifelsfalle ist es niemand. So redet allerdings hauptsächlich derjenige, der mit dem Rücken zur Wand steht. Wer allerdings das Gesetz des Handelns sich nicht aus der Hand nehmen lassen und dennoch keine Verantwortung für alles Weitere tragen möchte, bürdet diese am besten gleich seinem Gegenüber auf. Das Prinzip könnte lauten: »Ich handele, aber du bist schuld.« Eine ausgesprochen attraktive Situation. Wer von sich sagt: »Leider muss ich Sie rauswerfen« oder: »Du hast es nicht anders gewollt« oder: »Sie zwingen mich zu ...«, oder: »Es war doch deine Idee«, der handelt unter dem Druck von Umständen, die ein anderer zu verantworten hat. Auch mancher U-Bahn-Räuber leitet seinen Gewaltakt mit dem Satz ein: »Ich bin höflich geblieben« (Dahinter steht: »Sie sind es nicht und tragen deshalb die Verantwortung für alles Weitere«).

Initiative	***Replik***
»Sie zwingen mich zu ...«	»Das bleibt trotzdem Ihre Entscheidung.«

Emotionale Erpressung

Eine andere Strategie, die gleichfalls oft zum Erfolg führt, ist die *emotionale Erpressung* oder, nicht ganz so dramatisch formuliert, die *emotionale Nötigung*.

1. »Tu's mir zuliebe!«

Auch dafür liegen in der deutschen Sprache wieder zahlreiche Joker zur Hand, so etwa das bereits erwähnte und äußerst populäre: »Tu's mir zuliebe.« (Dieser Satz war schon x-mal in TV-Spielen zu hören.) Wer so angeredet wird, steckt tief in der Defensive, wenn er das nicht will, was er da soll. Das heißt, er steckt in einem Dilemma: Entweder er folgt der Aufforderung gegen seinen Willen und seine Überzeugung und verliert damit vielleicht ein Stück seiner Selbstachtung, oder er weigert sich rundheraus, sagt »nein« und sieht sich dann sehr schnell in eine ziemlich unkomfortable Beziehungsdiskussion verwickelt. Auch hinter einer solchen Aufforderung wie »Tu's mir zuliebe« steht ein Komplex von sozial weithin akzeptierten Vorstellungen, die man auf folgenden Nenner bringen kann: Wahre Liebe zeigt sich darin, dass man dem anderen seine Wünsche erfüllt und die eigenen zurückstellt. Ist man dazu nicht bereit, gibt diese Weigerung Anlass zu Zweifeln an der Tiefe und Echtheit seiner Gefühle (»Wahrscheinlich liebst du mich gar nicht wirklich« oder so ähnlich). Es gibt nicht viele erfolgversprechende Möglichkeiten, dieser Beziehungsfalle zu entschlüpfen, vielleicht aber die, den Spieß einfach umzudrehen: »Verzichte mir zuliebe auf deine Forderung.« Damit hat man zwar noch nicht gewonnen, aber die Partie steht jetzt zumindest unentschieden. Man steht nicht mehr mit dem Rücken zur Wand. Nun darf sich die andere Seite etwas einfallen lassen.

2. *»Sie vertrauen mir wohl nicht?«*

Das nächste Beispiel für emotionale Nötigung können wir kürzer behandeln: »Sie vertrauen mir wohl nicht?« (zweckmäßigerweise mit einem schmerzlich enttäuschten Unterton zu sprechen). Der Erpressungs- oder Nötigungscharakter liegt in Folgendem: Wer so angeredet wird, sieht sich mit einer Kombination aus Forderung und Vorwurf – beides natürlich unausgesprochen – konfrontiert: »Ich habe Ihnen bis jetzt nichts Übles angetan und habe deshalb einen Anspruch auf Ihr Vertrauen, und das wollen Sie mir verweigern. Sie tun mir Unrecht.« Wer sich den Vorwurf: »Sie vertrauen mir wohl nicht« anhören muss, steht vor der Alternative – und das ist wieder eine Zwangslage wie soeben –, entweder klein beizugeben (meist mit unangenehmen Folgen für das eigene Selbstbewusstsein) oder mehr oder minder unhöflich zu werden, das heißt sein Misstrauen offen zu zeigen. Allerdings ist nur derjenige in diesem Falle erpressbar, dem es peinlich ist, unhöflich zu werden, etwa zu sagen: »Ich traue Ihnen nicht mal bis zur nächsten Straßenecke.« Das klingt nun allerdings nicht besonders zivilisiert und ist auch nur dann anzuraten, wenn die Situation wirklich einen groben Keil auf einen groben Klotz erfordert und wenn man sich diese Reaktion obendrein gefahrlos leisten kann. Um einiges eleganter reagiert, wer es mit der Devise hält: »Vertrauen ist gut, Kontrolle ist besser.« Das soll Lenin gesagt haben, und wo er Recht hatte, hatte er Recht. Oder diese Alternative: »Ich gebe mein Vertrauen nicht als Blankoscheck; das muss man sich erwerben, und da könnten Sie noch das eine oder andere tun.« (Für Kurzfassungen wiederum nur den ersten Satz.)

3. *»Sei ja meiner Meinung, sonst ...«*

In der Alltagskommunikation kommt diese Situation ziemlich häufig vor: Ich äußere eine bestimmte Ansicht, habe eine Vorliebe für dies oder jenes, oder ich kann eine bestimmte Person überhaupt nicht ausstehen. Mein Gegenüber, dem ich die Komplizen-Rolle zugedacht habe, soll zustimmen, weil ich es ganz einfach nicht aushalte, wenn man anderer Ansicht ist als ich. Den Konsensdruck unterstreiche ich dadurch, dass ich ihm mein Verstimmtsein in Aussicht stelle. Nach der Devise: »Dann bin ich also doof, wenn ich anderer Ansicht bin als du.« Der so Angeredete wird meinen Ansichten vielleicht aus Konfliktscheu zustimmen. Schön, wenn einem das genügt ... Oder er erwidert mit hinterhältiger Höflichkeit: »Wenn du deine Intelligenz selber so einschätzt, dann will ich dir nicht widersprechen, um dich nicht zu verärgern.« Diese zweite Reaktion sollte man sich allerdings gut überlegen, denn sie ist wirklich ätzend. Etwas milder, aber nicht weniger entschieden wäre die Antwort: »Meine Ansichten haben mit deiner Intelligenz wirklich nicht viel zu tun.«

4. »Du machst mich krank!«

Dass Menschen miteinander überkreuz sind, dass verschiedene Interessen quer zueinander stehen, davon war schon öfter die Rede; außerdem ist das ja auch Thema dieses Buches. Eine Möglichkeit, den anderen zu »beeinflussen«, ist die, dass man dessen Verhalten als gesundheitsschädigend für einen selbst bezeichnet: »Du machst mich krank.« Vielleicht fühlt der Aggressor, der so etwas sagt, sich in dieser Auseinandersetzung wirklich nicht wohl, aber dass dies daran liegen könnte, dass die Mechanismen seiner Konfliktbewältigung entwicklungsbedürftig sind, darauf kommt er nicht. Oder wenn er darauf kommt, dann sagt er es nicht. Das zu sagen, wäre auch ausgesprochen unpassend, wenn er sein Opfer unter Druck setzen will. Überhaupt schiebt er jegliche Verantwortung für sich und seine eigene geistige/körperliche Gesundheit von sich weg (das war auch schon Thema des vorangegangenen Kapitels). Das Opfer hat die Verantwortung, er selbst, der Aggressor, ist ohne jede autonome Entscheidung. Das konkretisiert sich in ganz anderen Zusammenhängen so: »Sie zwingen mich zu ...«

Initiative	*Replik*
»Tu's mir zuliebe!«	»Verzichte auf deine Forderung mir zuliebe.«
»Sie vertrauen mir wohl nicht?«	»Vertrauen ist gut – Kontrolle ist besser.« »Ich gebe mein Vertrauen nicht als Blankoscheck.« »Nicht mal bis zur nächsten Ecke.« (Nur im Extremfall!!)
»Dann bin ich also doof (wenn ich anderer Meinung bin als du).«	»Ich weiß nicht, was meine Ansichten mit deiner Intelligenz zu tun haben.« »Wenn du deine Intelligenz selbst so einschätzt ...« (Vorsicht: verletzend!)
»Du machst mich krank!«	»Dafür sorgst du selbst.« »Ich kenne da einen guten Arzt ...«

Kriminalisierung

Mit dem Rücken zur Wand steht man auch sehr schnell bei der folgenden Strategie – wenn man nicht aufpasst. Man kann sie »Kriminalisierung« nennen oder etwas weniger dramatisch: jemanden ins Unrecht setzen. Sie überschneidet sich mit der emotionalen Erpressung. Wohlgemerkt: Es geht hier nicht darum, dass jemand objektiv Unrecht getan hat, zum Beispiel in Konflikt mit dem Strafgesetzbuch geraten ist, sondern darum, dass das, was er tut oder was er lässt, einem anderen nicht gefällt. Auch in dieser Situation ist es für den Aggressor höchst wirkungsvoll, jemanden als Missetäter hinzustellen, wirkungsvoller jedenfalls als zu sagen: »Das, was du da getan hast, fand ich überhaupt nicht gut.« Da kann der andere immer noch sagen: »Tut mir leid, ich aber doch.« Diese Reaktion sollte man ihm nicht zu leicht machen, wenn man ihn denn ins Unrecht setzen will. Also etikettiert man ihn als jemanden, der allgemein gültige moralische Prinzipien verletzt und alle guten und vernünftigen Menschen – natürlich wiederum die Komplizen – gegen sich hat. Wir erinnern uns an den Komplex »Definitions- und Bewertungskompetenz« (es ist gerade in Auseinandersetzungen sehr wichtig, diese an sich zu ziehen).

Möglicherweise drücke ich mich etwas missverständlich aus, deshalb ein kurzer Hinweis. Ich argumentiere hier etwas macchiavellistisch.[4] Das soll heißen: Ob die Motive desjenigen, der andere kriminalisiert, besonders vorbildlich oder moralisch ziemlich anrüchig sind, will ich nicht weiter untersuchen, das ist auch von einer Situation zur anderen verschieden. Ich frage vielmehr danach, was im Sinne dieser Motive oder Zielsetzungen ist, ebenso wie ich frage, was im Sinne der Abwehr dieser Strategien ist. Noch einmal also: Es geht nicht zuletzt auch um *Macht* und darum, wie man mit den Machtansprüchen anderer umgeht.

1. »Du bist ein schlechter Mensch.«

Auch das wird nicht immer so gesagt, aber dafür umso öfter gedacht. Und auch hier ist wieder massive Egozentrik im Spiel, die man so zusammenfassen kann: »Ich habe Recht und du hast Unrecht.« Auseinandersetzungen laufen vielfach nach dem Prinzip der moralischen Minderwertigkeit des Gegners ab, das heißt, der andere ist vielleicht oder vielleicht auch nicht moralisch defizitär, man versucht aber in jedem Falle, ihn dazu zu machen. Das Wort »sollen« spielt in den Sprüchen, die hier ausgetauscht werden, eine ganz wichtige Rolle. Der andere *hätte* etwas tun, meinen, sagen *sollen*, aber er *hat nicht*. Und er hat sich dadurch schuldig gemacht, hat schuldhaft versagt. Zumindest ich als sein Aggressor sehe das so, das heißt, ich ziehe die Bewertungskompetenz an mich oder versuche dies zumindest. Ich versuche also, mir eine Rechtsposition aufzubauen, aus der heraus ich den anderen verurteilen kann.[5] Diese Rechtsposition ist genau genommen eine Position der moralischen Überlegenheit, die ich mir zu sichern versuche oder auch nur anmaße. Manche von uns kennen das noch aus der Kindheit. Man konnte sich schlecht gegen eine solche demütigende Behandlung durch Eltern oder Lehrer zur Wehr setzen und musste sich von ersteren mit dem Spruch abfinden lassen: »Später einmal kannst du es mit anderen genauso machen.« Und viele geben in der Tat das weiter, was sie im Elternhaus und in der Schule erfahren und erlitten haben.

Aber irgendwann könnten die Spiele der Kindheit ja einmal aufhören, die ja oft noch zwischen Erwachsenen (Lebenspartnern, Freunden, Kollegen und so weiter) weitergespielt werden. Es sei denn, man hat Spaß daran, weil man in diesen Spielen meistens auf der Gewinnerseite steht. Ist es mit dem Spaß aber nicht ganz so weit her, dann wäre eine andere Konstellation befriedigender und erstrebenswerter, eine, in der beide Partner relativ gleichberechtigt sind. Es ist das Modell der Handelsbeziehungen zwischen Kaufleuten. Diese laufen mal besser, mal schlechter und manchmal gehen sie ganz zu Ende. Aber nicht oder nur selten, weil einer von beiden ein moralisch minderwertiges Subjekt wäre, sondern weil die Nachfrage des einen an den Produkten des anderen stark abgenommen hat. Diese Sehweise entlastet beide Parteien von moralischem Druck. Denn in vielen Auseinandersetzungen geht es weniger um Recht und Unrecht als um Angebot und Nachfrage.

Das haben Sie an früherer Stelle so ähnlich schon einmal gelesen? Das ist richtig. Ich wiederhole mich gelegentlich. Besonders dann, wenn eine Sache mehrere Aspekte hat. Zum Beispiel gehört der Ausdruck:

»Sie haben mich enttäuscht« einmal unter die Rubrik »Kriminalisierung«, zum anderen in das Kapitel »Alles tanzt nach meiner Pfeife«. Dies deshalb, weil Kriminalisierung meistens ein gerütteltes Maß an Egozentrik voraussetzt.

2. *»Hinter meinem Rücken!«*

Das nächste Beispiel ist das sehr populäre »hinter meinem Rücken«. Hinter irgendjemandes Rücken also hat irgendeine Art von Kommunikation stattgefunden, von der derjenige, der diese Redewendung in den Mund nimmt, sich in der entscheidenden Phase ausgeschlossen fühlte und erst hinterher erfahren hat. Dass diese Kommunikation überhaupt in dieser Weise stattfand, wird nun als eine Art von kriminellem Akt hingestellt. Nach meinen Beobachtungen kommt es selten zu Diskussionen darüber, ob derjenige, der diesen Vorwurf äußert, grundsätzlich ein Recht hatte, hier und jetzt zu erfahren, was er da erst hinterher erfuhr. Er behauptet es ganz einfach. Es ist ja auch der Sinn von Kriminalisierungen, solche Diskussionen nach Möglichkeit gar nicht erst aufkommen zu lassen. Es könnte ja sein, dass man gesagt bekommt: »Es ist absolut meine Sache, mit wem ich wann worüber rede.«

3. *»Du freust dich kein bisschen?!«*

Man kann nicht nur sachlich oder moralisch im Unrecht sein, sondern auch emotional. Das will heißen:

Man genügt den Erwartungen des oder der anderen nicht. Man hat entweder gar keine Gefühle oder zuwenig davon oder eben nicht die richtigen, oder vielleicht die richtigen, aber zum falschen Zeitpunkt:

- »Du freust dich kein bisschen«,
- »Dir ist das alles wohl völlig egal«,
- »Der Kerl lacht auch noch«.

Das sind oft gehörte Standardbeispiele. Natürlich setzt der Aggressor seine Erwartungen und Maßstäbe, wann man traurig zu sein oder sich zu freuen habe, absolut. Täte er dies nicht, wäre der emotionale Druck auf sein Opfer viel geringer.

Und was antwortet man darauf? Am Platze ist hier einmal sicherlich die oft zu hörende Standardreaktion: »Tut mir leid, dass ich unter deinen/Ihren Erwartungen liege«, die sich immer dann anbietet, wenn jemand unerfüllte Erwartungen hatte und – sehr wichtig – wenn für einen selbst diese Erwartungen nicht verbindlich sind. Spezifischer als Reaktion wäre wohl der Hinweis darauf, dass Lachen gesund sei beziehungsweise dass man keinen Grund zur Freude habe.

4. »Dazu hast du kein Recht!«

Ins Unrecht setzen lässt sich der andere auch dadurch, dass man die eigenen Bedürfnisse als einen Rechtsstandpunkt ausgibt, über den sich überhaupt nicht verhandeln lässt. In diesem Sinne wäre es also nicht besonders erfolgversprechend, einfach zu sagen: »Ich möchte das und das wissen.« Man müsste dann schon ein anderes Kaliber auffahren: »Ich habe ein Recht, dies und jenes zu erfahren«, oder, wenn der andere etwas Bestimmtes möchte oder tut: »Dazu hast du kein Recht« (alternativ: »Das steht dir nicht zu«). Eine Möglichkeit, darauf zu reagieren, wäre: »Hier geht es um Angebot und Nachfrage, nicht um Recht oder Unrecht.«

Weitere Beispiele: »Sie haben mich nicht verstanden«, »Sie haben mich enttäuscht« (auch in diesen beiden Beispielen ist die Absolutsetzung der eigenen Maßstäbe nicht zu übersehen); schließlich: »Du kannst nur keine Kritik vertragen.« Antwort: »Ich kann nicht *keine* Kritik, sondern *deine* Kritik nicht vertragen.«

5. *»Gerade von dir hätte ich das nicht gedacht.«*

Wer sich vergangen hat, soll dafür büßen, so will es jedenfalls die landläufige Meinung. Und sie weiß auch, dass nicht die Gerichte oder das Finanzamt die schlimmsten Strafen verhängen, sondern das rabenschwarze Gewissen des Bösewichtes, wenn er denn eines hat. An der Schraube lässt sich leicht drehen. Wer sagt: »Von dir hätte ich das nicht gedacht« (*grade* erhöht die Wirkung noch), der mag gute Gründe haben oder auch nicht, in jedem Falle weiß er, dass gewisse Effekte ohne Dramatisierung nur schwer zu erreichen sind. Das Vorher-Nachher-Muster, in der Kosmetik- und Shampoo-Werbung tausendfach bewährt, leistet auch hier unschätzbare Dienste. Je höher die vorherige Wertschätzung also, von der der so Angeredete nur selten etwas erfuhr, desto tiefer jetzt der Steilabsturz in die Nichtswürdigkeit. Unterstellt wird dabei, der Sünder interessiere sich auch ganz bestimmt dafür, was – erst vorher, dann nachher – von ihm gedacht wurde beziehungsweise wird. Nun gibt es Situationen, da fährt man dem Aggressor bei der Erzeugung von Schuldgefühlen besser nicht in die Parade. Ganz Hartgesottene können aber, wenn sie nicht gerade dem Chef oder dem Erbonkel konfrontiert sind, andeuten, ihre Selbsteinschätzung sei ihnen wichtiger.

6. »Ich habe höflich gefragt!«

Man kann in einer Konfliktsituation den anderen auch indirekt ins Unrecht setzen, indem man sich selbst ausdrücklich ins Recht setzt. Klar, dass der andere da nicht gleichzeitig im Recht sein kann. Initialphasen von Raubüberfällen laufen gelegentlich nach dem folgenden Muster ab: In der U-Bahn nimmt der Aggressor vor seinem Opfer eine bedrohliche Haltung ein und fragt in einem Ton, der keinen Zweifel an dem Ernst der Situation offen lässt: »Haben Sie mal 'n bisschen Kleingeld für mich?« Der Räuber denkt allerdings vermutlich an eine Summe oberhalb von 50 Euro. Wenn das Opfer, nervös geworden, sich jetzt belästigt fühlt und antwortet: »Lassen Sie mich in Ruhe!«,«Hauen Sie ab!« oder sonst etwas dergleichen, dann wird der Aggressor in drohendem Ton möglicherweise antworten: »Ich habe höflich gefragt.« Dahinter steht unausgesprochen:

»Sie sind nicht höflich geblieben, Sie haben sich schuldig gemacht und tragen nun die Verantwortung für alles Weitere.« Der Aggressor gewinnt so das Recht auf die nächste Stufe der Eskalation, er glaubt es wenigstens.

Initiative	*Replik*
»Dazu hast du kein Recht.«	»Manche Rechte muss man sich nehmen, sonst hat man sie nicht.«
»Hinter meinem Rücken hast du ...«	»Es ist absolut meine Sache, mit wem ich worüber rede.«
»Du freust dich kein bisschen!«	»Dazu habe ich auch keinen Grund.« »Muss ich das denn?«
»Dir ist das alles wohl völlig egal.«	»Dann mach einen Gegenvorschlag.« »Tut mir leid, wenn ich unter deinen Erwartungen liege.«
»Sie haben mich enttäuscht.«	»Ein Problem Ihrer Erwartungen« (gleichberechtigte Position). »Ich fürchte, ich habe unter Ihren Erwartungen gelegen« (unterlegene Position).

Pauschalisierung oder: »Glauben Sie alles, was in der Zeitung steht?«

Wer einen anderen ins Unrecht setzen, kritisieren oder auch vor anderen lächerlich machen will, der bedient sich oft, um optimale Wirkung zu erzielen, der *Pauschalisierung.* »Glauben Sie *alles*, was in der Zeitung steht?« So attackiert Will Quadflieg in dem TV-Spielfilm »Der große Bellheim« im Rahmen einer Pressekonferenz einen Journalisten, der ihn nach dem Wahrheitsgehalt einer Zeitungsmeldung fragt, die den Bellheim-Konzern in ein Zwielicht rückte. Dem Frager ist in der Szene mit dieser Gegenfrage – nichts weiter als ein billiger Taschenspielertrick, wie wir gleich sehen werden – der Mund gestopft, und eine Antwort bekommt er ganz nebenbei auch nicht. Was ist da passiert? Worin besteht dieser Trick? Was ist die Strategie, und was steckt dahinter? Ausgangspunkt ist ein Einzelfall, nämlich die Frage, ob eine bestimmte Zeitungsmeldung korrekt ist. Dass es sich um einen Einzelfall handelt, wird jedoch von Q. souverän ignoriert. Dem fragenden Journalisten wird ungefragt unterstellt, er gehe von der Richtigkeit besagter Meldung aus, und sein Verhalten wird – unausgesprochen, versteht sich – sogleich in folgender Weise verallgemeinert: Wer eine bestimmte Sache glaubt, der glaubt überhaupt alles Mögliche. Weiter wird von der unterstellten Richtigkeit dieser Verallgemeinerung auf das Persönlichkeitsmerkmal »Leichtgläubigkeit/Naivität« geschlossen. Ein drohender Imageverlust liegt nahe. Denn wer leichtgläubig ist, der riskiert, als ein bisschen dumm zu gelten. Hinter der Frage: »Glauben Sie alles, was in der Zeitung steht?« lauert also die Drohung: »Sie halten am besten den Mund, oder wollen Sie vielleicht, dass ich Sie hier als Naivling vorführe?« Was verführt jedoch zu der in jeder Hinsicht unerlaubten Schlussfolgerung vom Einzelfall auf das habituelle (gewöhnliche) Verhalten, unerlaubt deshalb, weil Q. den Journalisten ja gar nicht weiter persönlich kennt? Da auch in diesem Beispiel das Meiste und Wichtigste ungesagt bleibt und deshalb schwer zu fassen ist, wollen wir noch einmal das Bild des Eisberges bemühen:

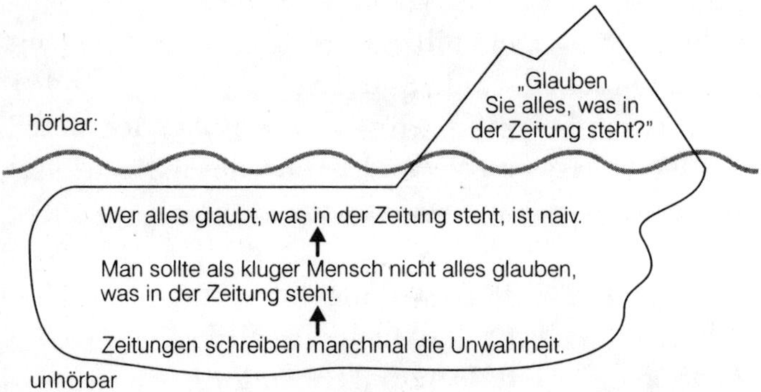

Wenn ich jemandes Verhaltensweisen oder Eigenschaften kritisch kommentieren will, dann ist für einen Kommentar normalerweise nicht der isolierte Einzelfall interessant, jedenfalls dann nicht, wenn man jemandem eine bestimmte (meist) negative Eigenschaft zuschreiben möchte. Denn wenn jemand hier und jetzt etwas Bestimmtes so und so macht, dann macht er das vielleicht morgen ganz anders, und es würde nicht lohnen, sich bei diesem Einzelfall lange aufzuhalten. Es wäre für niemanden von Interesse. Wenn die Strategie erfolgreich sein soll, das Prestige des anderen zu demontieren, muss der Einzelfall als typisch für das gesamte Verhalten einer Person unterstellt werden. Also generalisiert man diesen Einzelfall, dann lohnt auch der Kommentar. In einem ganz anderen Zusammenhang wäre eine Generalprophezeiung für die Zukunft noch schlagkräftiger (*... und du wirst es auch immer wieder tun*). Bei der Pauschalisierung spielen die sogenannten »Allquantoren« eine ganz entscheidende Rolle: *immer, alles, nie, nicht*. Sie sind gewissermaßen der Widerhaken am Pfeil. (Hierher gehören auch Vorwürfe der Art: »Du *immer* mit deinem/deiner ...« oder: »Du hörst mir *nie* zu!«). Bemerkenswert ist in diesem Zusammenhang, dass bereits Kinder im zarten Sandkastenalter diesen Trick routiniert beherrschen: »Der Heinzi nimmt mir *immer* meine Schaufel weg!«

Wie sieht es mit den Reaktionen aus? Im Extremfalle hat der Aggressor Recht, das Verhalten des Opfers ist tatsächlich habituell, das Opfer ist eine Art Gewohnheitstäter, und die Kritik an ihm wäre berechtigt. Es wird dann sehr schwierig, sich zu verteidigen. Was aber die unterstellte Leichtgläubigkeit angeht, so ist die Reaktion *noch einen draufsetzen* nicht schlecht: »Ich glaube sogar noch an den Weihnachtsmann.« Das führt oft, wenn auch nicht immer, zur Entwaffnung des Gegners.

Initiative	*Replik*
»Glauben Sie alles, was in der Zeitung steht?«	»Ja, und an den Weihnachtsmann auch.«

Ridikülisierung

Für diese Wortschöpfung bitte ich um Nachsicht, aber etwas Griffigeres ist mir leider nicht eingefallen. Zu Deutsch wäre das die »Verlächerlichung« oder »Lächerlichmachung« (von englisch *ridiculous* beziehungsweise französisch *ridicule* = lächerlich), aber viel eleganter klingt das auch nicht.

Man kann jeden und alles lächerlich machen. Wenn man nur will. Besonders großen Spaß macht das natürlich, wenn andere (die Komplizen) dabei sind. Auch Qualifikation, Wissen und Sachkompetenz sind nicht davor geschützt: »Unser Wilhelm weiß es mal wieder ganz genau.« Dabei wird die sachliche Richtigkeit irgendeiner Behauptung jenes Wilhelm gar nicht in Frage gestellt, vielmehr wird seiner Person Klassenprimushaftigkeit und Besserwisserei zugeschrieben, und diese Person wird vorgeführt als jemand, der solche Eigenschaften hat; er weiß es genau, vielleicht sogar noch genauer, als man es wissen wollte, und wird dadurch zum Pedanten. Der Pedant ist in der abendländischen Kulturtradition schon immer eine unfreiwillig komische Figur gewesen. Zur Wirkung der genannten Äußerung trägt im übrigen nicht unerheblich die Intonation bei und hier besonders die Betonung des Wortes »ganz«.

Lächerlich lässt sich jemand aber noch auf eine viel subtilere Weise machen. Dazu das folgende Beispiel: Eine junge Frau ist dabei, die Beziehung zu ihrem Freund zu lösen. Dieser versucht, das Blatt zu wenden, und bittet sie noch einmal um eine Aussprache. Ihre Reaktion: »Ich weiß nicht, was es da noch *großartig* zu besprechen gibt.« Dieses etwas heimtückische *großartig* ironisiert einen Anspruch des jungen Mannes, der möglicherweise so gar nicht bestand. Das heißt, sie wertet seinen Anspruch, ihr etwas Wichtiges zu sagen, erst übermäßig auf: Er ist einer, der sich mit Tschingdarassabum auf die Bühne schwingt. Und dann stuft sie ihn auf sein realistisches Maß herunter. Die Wirkung: Der junge Mann wird auf eine subtile Art lächerlich gemacht, ohne dass er sich dagegen so recht zur Wehr setzen kann. Und das verstärkt wiederum ihren Abgrenzungsversuch gegen ihn. Das heißt, ein einziges Wort hat eine eminent wichtige strategische Funktion in der Konversation, nämlich das Gespräch gar nicht erst zustandekommen zu lassen.

Man kann jeden Menschen lächerlich machen, haben wir soeben festgestellt. Man kann aber auch jeden noch so vernünftigen Gedanken des Partners so verdrehen, dass der blanke Irrsinn dabei herausschaut. Das heißt, ich ziehe aus einer Äußerung meines Gesprächspartners einen völlig absurden Schluss oder unterstelle ihm eine Ansicht, die er niemals vertreten würde, und lege ihm das absurde Resultat zur Last. Und prügele auf den Schwachsinn ein, den der Gegner da – in meiner Sehweise natürlich, eine andere gibt es überhaupt nicht – soeben von sich gegeben hat. Oder kommentiere eine solche Idiotie überhaupt nicht mehr, weil jede Kritik daran überflüssig ist. Mag der Partner (= mein Opfer) sich dann verteidigen, so gut er kann. Diese Strategie könnte man »absurdisieren« nennen.

Beispiel: Mutter zur Tochter: »Diese Bemerkung war überflüssig.«

Tochter zur Mutter: »Ich bin überhaupt überflüssig.«[6]

In dem Film »Manhattan« von Woody Allen diskutiert ein Ehepaar über die Frage, ob jetzt der richtige Zeitpunkt sei, Kinder in die Welt zu setzen. Sie ist dafür, er dagegen, und er sagt in diesem Zusammenhang unter anderem: »Mein O'Neill-Buch schreibt sich auch nicht von allein.« Sie hatte sein in Arbeit befindliches Buch nicht mit einer Silbe erwähnt, aber er unterstellt ihr seine Äußerung als eine mögliche Ansicht zum Thema, die er als völlig haltlos zurückweist. Sie tut in dieser Szene das einzig Richtige: Sie geht überhaupt nicht darauf ein.

Bei der Werbung um Komplizen spielt die »Absurdisierung«, wie wir diese Strategie für unsere Zwecke nennen wollen, eine wichtige Rolle. Der bereits zitierte Innenminister, der seinen Kritikern das Ansinnen unterstellte, er solle tagtäglich mit dem Grundgesetz unter dem Arm herumlaufen, gehört in diesen Zusammenhang. Und ebenso das oft zu hörende: »Brauchst du eine schriftliche Aufforderung?!« Als Replik ließe sich denken: »E-Mail genügt.«

Semantik oder: »Wie du das nennst, ist deine Sache.«

Soweit die Strategien. Es gibt sicher noch mehr, aber Vollständigkeit ist hier nicht unser Ziel. Mit den Strategien haben wir das Was erörtert, aber noch nicht das Wie, das heißt, wir kennen jetzt einige Motive oder Zielsetzungen etwas genauer, müssen uns aber noch intensiver damit beschäftigen, wie sie realisiert werden. Und auch das Wie hat es in sich, denn besonders hier steckt der Teufel in vielen Details. Auch auf der Wie-Ebene müssen wir uns verteidigen, müssen wir lernen, zurückzuschlagen, auch wenn uns das nicht immer leichtfällt.

»Willst du mir eine Szene machen?«

Nehmen wir zwei Beispiele: »Spionierst du mir nach?« sowie das schon erwähnte: »Willst du mir etwa eine Szene machen?« Man könnte diese Fragen auch ganz anders formulieren, etwa so: »Interessierst du dich dafür, was ich mache, wenn wir nicht zusammen sind?« beziehungsweise: »Offenbar bist du ziemlich erregt.« Beides klingt aber schwächer, vergleichsweise lendenlahm. Beide Ausdrücke greifen nicht wirklich an, haben keinen Biss, sie sind in der jeweils zweiten Variante auch keine Joker mehr. Sie haben sicher gemerkt: es geht um die Ausdrücke »jemandem nachspionieren« und »jemandem eine Szene machen«. Beide sind eindeutig negativ konnotiert, das heißt, sie haben eine eindeutig negative Nebenbedeutung: Wer anderen eine Szene macht, der verliert nicht nur seine Contenance, sondern auch den Respekt seiner Umgebung. Spionieren, und gar noch Nachspionieren ist ebenfalls nichts, womit sich allgemeine Anerkennung erwerben ließe.

Über das Folgende sind schon ziemlich aufwendige Untersuchungen angestellt worden, für unsere Zwecke aber können und müssen ein paar Hinweise genügen. Wir alle haben im täglichen Leben eine ziemlich große Freiheit, Menschen und ihre Aktivitäten (und natürlich auch Dinge) so zu benennen, wie es uns passt, solange wir dabei verständlich bleiben. Anders ausgedrückt: Wir haben die Freiheit, Menschen, ihren Eigenschaften und Verhaltensweisen sowie auch den Dingen dieser Welt ein Etikett aufzukleben, sie zu etikettieren, und natürlich auch: sie negativ zu etikettieren. Es geht also hier um *negative Etikettierung*. Vieles in der täglichen Kommunikation ist eine Frage der Semantik, also eine Frage der Benennung. Und die kann so oder anders ausfallen. Nichts und niemand, allenfalls der Beleidigungsparagraph, könnte mich daran hindern, das Auto eines meiner Zeitgenossen als »Blecheimer« zu titulieren, seinen Nachwuchs als »debile Brut« und seinen Hund als »doofe Töle« – das alles möglichst nicht gerade in seiner Gegenwart. Ebenso kann ich das neue Buch eines meiner Kollegen hinter vorgehaltener Hand »kalten Kaffee« nennen, obwohl es bahnbrechende Forschungsergebnisse enthält.

Wer so angeredet wird wie in den obigen Beispielen (»nachspionieren« und »eine Szene machen«), der hat jedoch in gleicher Weise wie der Sprecher die Freiheit, diese Etikettierungen zu akzeptieren oder zurückzuweisen. Wer sich darüber allerdings nicht im Klaren ist, dass er diese Freiheit hat, wer die Benennungen des anderen so hinnimmt, wie sie kommen, der findet sich ganz plötzlich in der unattraktiven Rolle eines Nachspionierers oder eines Szenemachers wieder. Und ist eventuell tief verletzt. Statt zu antworten: »Wie du mich nennst, ist deine Sache« oder etwas Ähnliches, ist er wiederum in der Situation, sich verteidigen zu müssen. Vielleicht kommt er dann gar nicht dazu, das Problem selbst zu erörtern, das ihm am Herzen liegt. Der Aggressor hätte dann genau dies verhindert. Und das war vermutlich auch sein Ziel.

»Was hast du mit dieser Mischpoke zu tratschen?«

Im Prinzip ist kein Bereich menschlichen Lebens vor semantischer Abwertung sicher – Aktivitäten ebensowenig wie Dinge (vgl. das Auto meines Nachbarn) –, aber einige erfreuen sich ganz besonderer Beliebtheit, es sind die Bereiche »Sprechen« und »Fortbewegung«.

Gehen	Sprechen
rennen	faseln
schleichen	dozieren
angerauscht kommen	jammern
watscheln	zetern
latschen	lamentieren
	quatschen
	bellen

Beispiele:
A: »Ich habe mit NN *gesprochen*«. B: »Ich will nicht, dass du mit Leuten über uns *tratschst*, die mich nicht kennen!«

»Musst du schon wieder zu deiner Schwester *rennen?!*« (Anmerkung: Bei *rennen* ist die offensichtliche Nebenbedeutung »unwürdige Hektik«, die herabsetzend wirken soll.)

Kontaktaufnahme mit einer unerwünschten Person: »Wo hast du denn *den Typ aufgelesen?*«

Eine unerwünschte und fremde Person: »Was musst du mit diesem *hergelaufenen Winkeladvokaten* ausgehen?« Die offenkundige Xenophobie, die in dem Wort »hergelaufen« steckt, erklärt sich so: Wer immer am selben Ort gewohnt hat, ist für seine Nachbarn einschätzbar, und wenn er sein Vertrauen nicht verspielt hat, dann verdient er es auch. Diese positiven Kennzeichen treffen für Fremde nicht zu. Das führt zur semantischen Abwertung.

Sich irgendwo aufhalten: »Was hast du dich den ganzen Nachmittag bei den Nachbarn *rumzudrücken?*«

Solche negativen Etikettierungen oder auch semantischen Abwertungen gehören zu den sprachlichen Standardmitteln in unseren täglichen Auseinandersetzungen. Wir alle oder fast alle sind hier Täter und Opfer zugleich. Es ist mit diesen Mitteln ähnlich wie mit der Dramaturgie des Berchtesgadener Bauerntheaters: Die simpelsten und gängigsten Regieeinfälle sind noch immer die wirksamsten.

»Stell dich nicht so an!«

Vorstellungen von altjüngferlicher Geziertheit und neurotischer Zickigkeit stellen sich augenblicklich bei dem Wort »Anstellerei« ein. Man denkt vielleicht auch an das Märchen »Die Prinzessin auf der Erbse« von Hans Christian Andersen. Die hat sich offenbar auch fürchterlich angestellt. Man darf nicht empfindlich und schon gar nicht überempfindlich sein. Dieser soziale Konsens ist so stark, dass der Joker: »Stell dich nicht so an!« oder: »Hab dich nicht so!« eine ideale Mehrzweckwaffe ist, die sich gegen jegliches missliebige Partnerverhalten einsetzen lässt, vor allem dann, wenn der andere irgendetwas nicht will, was ein anderer von ihm möchte. Ein Schüler eines Hamburger Gymnasiums forderte während einer Klassenarbeit seine Lehrerin rundheraus auf, ihm die Lösung für eine Aufgabe zu sagen. Seine Reaktion, als die Dame sich etwas erstaunt über dieses Ansinnen zeigte: »Stellen Sie sich doch nicht so an!« Der Ausgang der Geschichte ist nicht weiter interessant, aber die Sache mit der Anstellerei, die man als Etikett allem und jedem aufkleben kann, der nicht so will, wie er soll, ist eine weit verbreitete Vorstellung.

Initiative	***Replik***
»Spionierst du mir etwa nach?«	»Wie du das nennst, ist deine Sache.«
»Stell dich nicht so an!«	»Nichts tu ich lieber als mich anstellen.«

Topoi
oder: Was (fast) alle denken

Alle denken so ganz sicher nicht, aber die meisten oder jedenfalls sehr viele. Es war schon mehrfach davon die Rede, dass sich in den Köpfen vieler Menschen eine gemeinsame Vorstellungswelt findet, die in gleichen oder sehr ähnlichen Auffassungen greifbar wird – sonst gäbe es vermutlich keine menschliche Gesellschaft. Die alten Griechen sahen das vor etwa 2.500 Jahren ungefähr auch so. Sie verglichen das menschliche Gehirn mit einer Bibliothek, deren Regale die Wissensbestände einer Person aufbewahren. Dieser Vergleich ist insofern ganz anschaulich, als die Bücherwände in Privathaushalten zwar alle verschieden aussehen, aber diverse Bücher kommen so ziemlich in jeder Privatbibliothek vor – und seien es auch nur das Telefonbuch, der Straßenatlas oder der Versandhauskatalog. Den Ort, an dem man ein bestimmtes Buch findet (in jenen Zeiten natürlich Schriftrollen), nannte man im Griechischen »Topos«, und das heißt nichts anderes als »Ort«, »Platz« oder »Stelle«. Man stellte sich nun weiter vor, dass es in jeder Bibliothek und somit auch in jedem menschlichen Gehirn eine Stelle (oder auch mehrere) gibt, die auch in den Köpfen anderer Leute existiert. Dafür wählte man den Ausdruck »Topos koinós« = »gemeinsamer Ort« oder »gemeinsamer

Platz«. Über die Vermittlung des Lateinischen (*locus communis*) und des Englischen (*common place*) wurde im Deutschen daraus: *Gemeinplatz*. Nun wäre es natürlich möglich, das Wort *Gemeinplatz* für die Auffassungen zu verwenden, die wir mit anderen Menschen teilen. Die Bedeutung von *Gemeinplatz* ist jedoch belastet, denn dieses Wort bedeutet ja in der Umgangssprache kaum etwas anderes als »Banalität« oder »Trivialität«, jedenfalls etwas, das so unoriginell ist, dass man es sich schon gut überlegen muss, wann man es von sich gibt. Jemandem, der sich hauptsächlich in Gemeinplätzen ergeht, dem hört man nicht unbedingt gerne zu. Auch wenn mir ein deutscher Ausdruck lieber gewesen wäre, bleibe ich darum bei dem griechischen Wort *Topos* (Plural: *Topoi*), wenn wir von einer Ansicht sprechen, die wir mit anderen Menschen gemeinsam haben. Ein Topos ist also eine *kollektiv weithin akzeptierte Auffassung, mit der sich trefflich argumentieren und streiten lässt.* Es ist eine Auffassung, über die ein *allgemeiner Konsens* besteht und die deshalb als Argument ziemlich allgemein akzeptiert wird.

Einem Topos mit Erfolg etwas entgegenzusetzen, bedeutet nichts anderes, als die meist unreflektierten Überzeugungen anderer zu erschüttern. Das ist zwar nicht ganz einfach, kann einem aber auch die größten Überraschungseffekte sichern.

Hinter dem Satz: »Das machen wir immer so«, steckt zum Beispiel der Topos: »Was man immer so macht, das ist richtig.« Damit kann man argumentieren, und damit wird auch argumentiert. Auch hinter bestimmten semantischen Abwertungen kann sich ein Topos verbergen, so zum Beispiel hinter dem Wort *hergelaufen*: Wer unbekannt ist, der ist unberechenbar, dem kann man nicht so recht vertrauen, und er ist somit nicht in gleicher Weise zu schätzen wie die altvertrauten Personen der eigenen Umgebung. Wir hatten in den ersten Abschnitten dieses Buches gesagt, hinter den »Standardformulierungen« stecke noch etwas mehr. Das, was hinter ihnen steckt, sind sehr oft Topoi. Zum Beispiel ist das Sprichwort: »Wer im Glashaus sitzt, soll nicht mit Steinen schmeißen« selbst ein Topos, ebenso wie: »Die Mehrheit hat Recht« (dieser Topos steckt hinter der Formulierung: »Wir alle wollen das, nur du nicht«) oder auch: »Eine gute Absicht kritisiert man doch nicht« (steckt hinter der Redensart: »Ich hab's doch nur gut gemeint«). Es gibt noch sehr viel mehr Topoi, zum Beispiel den »Topos vom maßgeblichen Urteil« (»Mein Vater/Professor Naumann hat das und das gesagt, also ist es richtig«). Vielleicht verstehen wir jetzt noch etwas besser, weshalb ein Topos, ein Argument also, von dessen Gültigkeit die meisten überzeugt sind, so schwer zu kontern ist.

Topoi spielen in privaten und öffentlichen Auseinandersetzungen seit der antiken Rhetorik eine wichtige Rolle. Da sie, wie gesehen, so hochgradig konsensfähig sind, werden sie vielfach auch zu sehr privaten Zwecken funktionalisiert, zum Beispiel der Topos »Was normal ist, kritisiert man nicht«: Wenn man irgendeine Sache oder Person – am besten natürlich die eigene Person – nicht kritisiert haben möchte, erklärt man sie und ihr Verhalten mir nichts, dir nichts für normal. Und dann mag der andere dann sehen, ob ihm dazu noch etwas einfällt. Gute Absichten, das haben wir oben gesehen, kritisiert man ebenfalls nicht. Nichts leichter also, als einem Flop, den man gelandet hat, das Etikett »Gute Absicht« aufzukleben; man hat zwar noch nicht ganz den Kopf aus der Schlinge gezogen, der Kritiker hat es aber auch nicht mehr ganz so leicht. Nicht anders schließlich verhält es sich mit dem Topos: »Man mischt sich nicht in fremde Angelegenheiten ein«: Wenn einem fremde Kommentare nicht gefallen, dann erklärt man die Sache, um die es gerade geht, zur Privatangelegenheit, zu der man sich nicht äußern muss und zu der fremde Kommentare nicht erwünscht sind.

Es wäre reizvoll zu untersuchen, ob Topoi interkulturelle Geltung haben oder ob sie etwas Kulturspezifisches sind. Gerade in einem allmählich zusammenwachsenden Europa ist diese Frage nicht uninteressant. Ich will mich auf einen knappen Hinweis beschränken. Der Topos: »Der Kritiker muss es besser machen (als der Kritisierte)« scheint sich besonders in Deutschland einer (immer noch) hohen Akzeptanz zu erfreuen. Der »Glashaus«-Topos hingegen kommt wohl ursprünglich aus dem angelsächsischen Sprachraum (»I live in the glass house«, sagt man dort). Schauen wir uns einige Topoi näher an.

»Man tut nichts ohne Grund.«

Sehr verbreitet! Ein solcher Satz klingt harmlos und banal zugleich, und was hat ein solcher Topos überhaupt in einem Buch verloren, das es mit konfliktträchtiger Kommunikation zu tun hat? Wir werden sehen, dieser Anschein trügt.

Die französische Karikaturistin Claire Brétécher präsentiert in einem ihrer Cartoons folgende Szene: Zwei junge Leute, sie und er, liegen am Strand. Er steht von seinem Handtuch auf mit der Bemerkung: »Ich geh' mal rüber zum Kap.« Sie: »Gibt's da was Besonderes?« Am Kap gibt es nichts Besonderes, was denn auch? Die Szene eskaliert sofort zum Konflikt, denn ihm fällt keine Begründung ein, die ihre Neugier zufriedenstellen könnte, und so gibt er in hilfloser Wut seine Absicht auf und bleibt an ihrer Seite liegen. Sie bleibt cool, sie hat das Spiel ja gewonnen. Aber was war das für ein Spiel? Das Meiste und Wichtigste bleibt einmal mehr ungesagt in dieser Szene, die schon vorbei ist, ehe sie richtig angefangen hat. Wir erinnern uns an die Redensart »Dahinter steckt noch mehr«. In dieser Szene steckt in der Tat einiges mehr. Hinter der scheinbar so harmlosen Frage der jungen Dame: »Gibt's da was Besonderes?« steckt die Frage nach dem Grund seines Weggehens. Und dahinter wiederum der Topos: »Man tut nichts ohne Grund«. (Weggehen – einfach so?) Mit der hier nicht uninteressanten Ergänzung: »Und wenn man etwas tut, gibt man über seine Gründe Auskunft.« Er könnte nun auf ihre Frage Verschiedenes antworten:

a) »Weiß ich auch nicht, ich lass' mich überraschen.«

b) »Schatz, alles musst du auch nicht wissen.«

c) »Da drüben ist ein Piratenschiff gestrandet.«

Statt sich etwas dieser Art einfallen zu lassen, lässt er sich auf ihr Spiel ein, was nun keineswegs nur darin besteht, von ihm eine Rechtfertigung zu fordern – weil man ja nichts ohne Grund tut –, sondern diese Rechtfertigung auf ihre Waagschale zu legen. Sie und nur sie prüft und entscheidet, ob sein Grund ein ernsthafter ist (Stichwort: Bewertungskompetenz). Auch darauf lässt er sich ein – nicht bewusst, sondern eben deshalb, weil er das Spiel nicht durchschaut. Fragt sich nur noch, warum er das Spiel nicht durchschaut. Er hat es objektiv gesehen aber auch nicht ganz leicht, weil, wie gesagt, das Meiste und Wichtigste ja nicht gesagt wird. Ihre gesamte Argumentation, die sich hinter der scheinbar harmlosen Frage »Gibt's da was Besonderes?« versteckt, bekommt er gar nicht richtig zu fassen.

Falls jemand einen machistischen Pferdefuß in dieser Argumentation zu sehen meint: Das Spiel lässt sich ganz gewiss auch mit umgekehrten Rollen denken; vielleicht hätte die junge Dame nur ein paar Probleme weniger gehabt, sich eine Ausrede einfallen zu lassen, was ihrem Begleiter ja offensichtlich nicht gelang. Partner-Therapeuten würden in dieser Strandszene möglicherweise ein starkes Kontrollbedürfnis auf ihrer Seite diagnostizieren und auf seiner eine geschwächte Männlichkeitsrolle. Wichtig für unsere Zwecke ist aber die Erkenntnis, dass ein auf den ersten Blick ganz harmloser Topos (»Man tut nichts ohne Grund«) eine Bombe sein kann, wenn man nur an der richtigen Stelle zündelt.

»Du rauchst ja selber!«

Der »Glashaus«-Topos ist ja eigentlich eine Negativ-Formulierung: »Du darfst das und das nicht sagen, weil du ja selbst ...« Er lässt sich aber auch positiv formulieren, nämlich als ein Gebot, das den Handlungsspielraum des anderen einschränkt: »Du darfst das und das nur dann sagen/tun, wenn du ...« Für diese positive Variante des »Glashaus«-Topos ist mir in der deutschen Sprache keine Standardformulierung bekannt, aber gäbe es eine, dann müsste sie etwa so lauten: »Man muss es durch seine Person beglaubigen.« Nicht, dass alle und jeder dies so meinen oder sich dessen bewusst sind, aber es gibt genügend Situationen im täglichen Leben, in denen auf dieser Grundlage argumentiert, das heißt, in denen dieser Topos als Trumpfkarte ausgespielt wird. Ein Vater, der seinem Nachwuchs das Rauchen verbieten will oder wenigstens mit Nachdruck auf die Schädlichkeit von Tabak und Nikotin hinweist, kann sich unter Umständen als Erwiderung anhören: »Du rauchst ja selber.« Dahinter steht: »Du wärest viel überzeugender, wenn du mir dein Gebot vorleben würdest.« Nichts anderes sagt die (zugegebenermaßen etwas umständliche) Formulierung: »Man muss etwas (= eine Behauptung/Forderung) durch seine eigene

Person beglaubigen.« Und »durch seine Person« bedeutet: durch sein eigenes Verhalten. Nicht zufällig sind es häufig Erziehungssituationen, in denen Erzieher (Eltern, Lehrer und so weiter) es sich gefallen lassen müssen, dass ihre Person von halbwüchsigen Kindern, deren schulischer Eifer etwas zu wünschen übrig lässt, kritisch in Frage gestellt wird: »Was willst du eigentlich, du hast ja selbst kein Abitur.« Es fragt sich allerdings, ob der Arzt, der mich behandelt, selber gesund sein muss. Das Argument, das in dieser Frage steckt – die Hauptsache ist doch, der Arzt hat für mich eine erfolgreiche Therapie – hat es im Alltag jedoch schwer, sich gegen eine topisch geforderte Übereinstimmung von Sprechen und eigenem Handeln zur Wehr zu setzen.

»Mami, warum schreit der Mann so?«

Wenn man zur Tagesschau-Zeit den Fernseher einschaltet, ist die Wahrscheinlichkeit nicht gering, dass man einen Politiker zu sehen bekommt, der sich offensichtlich über alle Standards zivilisierter Selbstkontrolle hinwegsetzt: Im Bundestag wie auf Wahlveranstaltungen reden sich, so scheint es, die Hauptdarsteller in Rage und gestikulieren mit imaginären Waffen herum, mit denen sie ihren ebenso imaginären Feinden die Köpfe spalten. Warum verausgaben die sich so? Die Frage ist naiv, zeigt sie doch keine Lebenserfahrung. Aber Lebenserfahrung kann ja auch bedeuten, dass man sich an bestimmte

Dinge des Lebens schon zu sehr gewöhnt hat, um sie noch in Frage zu stellen. Nehmen wir das Gegenteil an: Politiker würden ab morgen das, was sie zu sagen haben, nur noch im Ton amtlicher Verlautbarungen von sich geben, etwa so wie die Wasserstandsmeldungen im Radio: kühl und unbeteiligt und mit minimalem Aufwand an Körpersprache. Sie hätten bei einem bestimmten Teil ihrer Klientel vermutlich noch größere Schwierigkeiten, glaubwürdig zu wirken, als dies ohnehin schon der Fall ist. Denn wer kühl und unengagiert etwas feststellt, der hat es manchmal (keineswegs immer!) schwerer, andere zu überzeugen, als jemand, der sich stark engagiert. Er muss mit dem Vorbehalt rechnen: »Der glaubt das ja selber nicht, was er da sagt.« Es gibt offenbar so etwas wie eine *Rhetorik der Emotionen*. Nicht nur Argumente überzeugen – oder überreden –, emotionale Erregung tut es auch. »Da muss was dran sein, wenn der sich so aufregt.« Diese (meist unbewusste) Überzeugung scheint ziemlich verbreitet. Übrigens nicht nur in der Politik, im Alltagsleben genauso. Auch diese Beobachtung gehört in die Nachbarschaft des Topos: »Man muss es durch seine Person beglaubigen.«

»Man wird doch wohl noch fragen dürfen!«

Es gibt Konfliktsituationen, da steht Meinung kompromisslos gegen Meinung, und wenn ein Altersunterschied zwischen den beiden Kontrahenten offen erkennbar ist, kann es schon mal sein, dass der Ältere den tatsächlich oder vermeintlich Jüngeren fragt:

– »Darf ich fragen, wie alt Sie sind?«

und im Falle einer Negativreaktion (Beispiele weiter unten) in dieser Weise nachsetzt:

– »Man wird doch wohl noch fragen dürfen?«

Manche Fragen sind höflich und hinterhältig zugleich. Das Heimtückische an höflich formulierten Fragen, die einem gleichwohl nicht schmecken – gerade wegen ihrer Indiskretion –, liegt in folgendem: Jede Frage – und sei es eine ganz harmlose nach der Uhrzeit – setzt den Gefragten unter Reaktionszwang: Er muss sich dazu verhalten, er muss antworten. Anders gesagt: Fragen haben Nötigungscharakter. Auch wenn man die Antwort verweigert – der Druck ist dennoch da, man hat sich nur über ihn hinweggesetzt. Eine bloße Feststellung lässt sich leichter ignorieren als eine Frage, denn eine Frage ist normalerweise eine Aufforderung, nämlich eine Aufforderung zu antworten (von rhetorischen Fragen wie zum Beispiel »Wie siehst du nur wieder aus?« oder: »Können Sie das Salz erreichen?« einmal abgesehen). Klar, dass man zu einer Antwort nicht immer Lust hat. Zumal dann nicht, wenn der Frager ausdrücklich meint, er habe ein Recht auf eine Antwort, und am allerwenigsten, wenn es sich um indiskrete

Fragen handelt. Natürlich artikuliert der Frager seinen Anspruch auf eine Antwort nicht immer so deutlich, jedenfalls meistens nicht. Bei einer höflich formulierten Frage (»Darf ich fragen ...?«) wird der Druck auf den Gefragten noch größer, ebenfalls höflich zu reagieren. Weist man die obige Frage nach dem Alter aber auf eine brüske Art zurück (»Ich wüsste nicht, was Sie das angeht«), dann wird oder kann der Fragende das so auffassen, als werde sein Recht, überhaupt auch nur den Mund aufzumachen, in Frage gestellt: »Man wird doch wohl noch fragen dürfen.» Dabei geht es in Wirklichkeit – und das ist eben nicht dasselbe – um seinen Anspruch auf eine Information. Letzteres sagt er natürlich (klugerweise) nicht. Ganz unbestritten hat er ein Recht zu fragen. Das hat jeder. Jeder kann alles fragen, was er will. Aber muss man deshalb mir nichts, dir nichts gleich mit der geforderten Antwort herausrücken? Eine Unverschämtheit unter der Maske der Höflichkeit zahlt man am besten mit gleicher Münze zurück: »Fragen dürfen Sie, soviel Sie wollen.« Falls der andere dann noch nicht ganz verstanden hat, ließe sich hinzufügen: »Es ist nur weit und breit niemand da, der Ihnen eine Antwort gibt.« Eine etwas höflichere Alternative: »Würde Ihnen etwas fehlen, wenn Sie das nicht wüssten?« Vorsicht! Beide Reaktionen sind dann absolut nicht am Platze, wenn Sie in einem mehr oder minder formalen Abhängigkeitsverhältnis zu dem oder der Fragenden stehen. Sie müssen es sich leisten können, so zu reagieren. Aber eigentlich sollte sich das von selbst verstehen.

Der Nötigungscharakter von Fragen – man soll ja

etwas tun, was man unter Umständen nicht will – wird deutlich auch in dem folgenden Beispiel: Ein junger Mann steht vor meiner Haustür, klingelt und stellt, als ihm geöffnet wird, überfallartig, das heißt ohne jede Einleitung, die Frage: »Haben Sie was gegen Strafentlassene?« Hier besteht die Nötigung für mich als Gefragten darin, mich in einer bestimmten Weise zu erklären, das heißt in dem Sinne, dass ich gegen niemanden irgendwelche Vorurteile hätte. Nun werde ich im privaten und beruflichen Alltag schon oft genug genötigt, meine korrekte Gesinnung ganz allgemein und in Bezug auf Minderheiten der verschiedensten Art im Besonderen unter Beweis zu stellen (Stichwort: »political correctness«). Es könnte ja sonst sein, dass mich jemand für einen Faschisten, Rassisten, Macho oder einen sonstwie unerfreulichen Zeitgenossen hält. Kurz: soviel Nötigung reicht mir, ich will nicht und ich muss auch nicht wollen. Der Frager an der Haustür möchte die Antwort, die er von mir erwartet, natürlich in seinem Sinne ausnutzen und mir zum Beispiel ein Zeitschriftenabonnement anhandeln, was er dann so formulieren könnte: »Wenn Sie nichts gegen Strafentlassene haben, dann ist es ja wohl auch kein Problem für Sie, mir ein Zeitschriftenabo abzunehmen.« Was antwortet man darauf, wenn man diese Art der Nötigung – abgesehen von der etwas verqueren *Wenn-dann*-Logik – nicht mag und sowieso schon genug Zeitschriften im Hause hat? Wenn Ihnen selbst nichts Besseres einfällt, probieren Sie es mal mit: »Ich habe was gegen Leute, die mir solche Fragen stellen.«

Initiative	*Replik*
»Darf ich fragen, wie alt Sie sind?«	»Mich interessiert Ihr Alter auch nicht.« »Fragen dürfen Sie, was Sie wollen (falls Sie jemanden finden, der Ihnen eine Antwort gibt).«
»Haben Sie etwas gegen ...?«	»Ich habe etwas gegen Leute, die mir solche Fragen stellen.«

»Nimm dir ein Beispiel an deiner Schwester!«

Niemand nimmt sich ein Beispiel an einem anderen, zumindest nicht gerade dann, wenn er in dieser Weise dazu aufgefordert wird, es sei denn, sein Masochismus wäre überdurchschnittlich entwickelt. Das ist auch nicht weiter erstaunlich. Denn Musterknaben und Vorzeigeschwestern mobilisieren ganz unfreiwillig Trotz und Aggression bei denen, die in solcher Konkurrenz vermeintlich nicht mithalten können oder wollen; dies allein schon deshalb, weil sie ihr Selbstwertgefühl schützen wollen und müssen. Erstaunlich ist jedoch etwas anderes, nämlich dass dieser Spruch trotz seiner offenkundigen Erfolglosigkeit in Elternhäusern so beliebt ist. Es handelt sich um eine von einer Generation zur nächsten überlieferte Verhaltensweise, die gegen die Erkenntnis ihres eigenen Misserfolges absolut immun ist. Es ist also ein Verhalten, das als richtig gilt, nicht weil es sich als wirkungsvoll erwiesen hätte, sondern weil man es immer schon so gemacht hat. Dieser Auffassung – auch hier liegt wieder ein Topos vor – sind wir an anderer Stelle schon begegnet: *Was man schon immer so gemacht hat, das ist auch richtig.*

»Ich habe nichts zu verbergen.«

Eigentlich hat diese Feststellung kein großes Konfliktpotential. Dass sich jemand von ihr besonders herausgefordert fühlt, dürfte wohl eher selten vorkommen. Aber für eine bestimmte Form der Alltagsargumentation ist sie dennoch von Interesse.

Vor Jahren brachte einmal ein Blatt, das der rechtsradikalen Szene nahestand, auf Seite 1 die Meldung, der bekannte Publizist Sebastian Haffner heiße in Wirklichkeit Reimund Pretzel. Diese Meldung war zwar sachlich korrekt, aber sie schlug nicht gerade wie eine Bombe ein. Hohe Wellen hingegen schlug die Tatsache, dass Jahre zuvor Konrad Adenauer sich bei Wahlveranstaltungen auf seinen damaligen Herausforderer Willy Brandt mit dessen standesamtlichem Namen Frahm bezog und somit auf dessen uneheliche Geburt anspielte, um Punkte auf dessen Kosten zu sammeln. So unterschiedlich die Kontexte beider Fälle aussahen, eines hatten sie gemeinsam.

Sie sollten der Öffentlichkeit etwa Folgendes nahelegen: Hatte da nicht jemand etwas zu verbergen? Und wenn er schon seinen wahren Namen kaschiert, was verbirgt er noch? Kann man dem überhaupt noch trauen? Hat er vielleicht sogar Leichen im Keller? Wer *nichts zu verbergen hat*, der stellt sich anderen Leuten als einen ehrlichen, vertrauenswürdigen Menschen dar. Verbergen – vor wem übrigens? Vor der Öffentlichkeit oder vor einer Obrigkeit vordemokratischer Zeiten, die ein allumfassendes Kontrollrecht über den Einzelnen hatte? Ich fürchte, letztere ist gemeint, und aus diesen Zeiten stammt dieser Satz. Was mich jedenfalls angeht, so habe ich eine ganze Menge zu verbergen, nämlich meine gesamte Privatsphäre, die nur diejenigen etwas angeht, denen ich sie anvertraue. Ansonsten, jawohl, verberge ich, was ich will. Neuerdings kann man im Internet Leute in ihren eigenen vier Wänden beobachten, unter der Dusche, beim Zähneputzen und so weiter (HÖR ZU vom 28. 5. 1999). Man fragte einen jungen Mann, der sich in dieser Weise einer anonymen Öffentlichkeit präsentierte, ob dieser Einbruch in seine Intimsphäre nicht ein Problem für ihn sei. Die Antwort: »Ich habe nichts zu verbergen.« Da fragt man sich, was das für ein Leben sein muss, in dem es nichts zu verbergen gibt!

Kleinere und größere Gemeinheiten und wie man sie kontert

So kommt man schneller zum Erfolg

Die letzten Seiten haben uns, wie es scheint, immer tiefer in die Niederungen des Menschlich-Allzumenschlichen geführt. Das, was Ihnen vielleicht auf den ersten Blick wie ein Sammelsurium menschlicher Bosheiten vorkommt, hat seinen Grund in folgendem: Mit vielen Menschen ist im Prinzip recht gut auszukommen, es sei denn, man hat gerade Streit mit ihnen. Und dann kann auch der Sanftmütigste so richtig mies und fies werden. Aber auch wer böse und gemein oder vielleicht auch nur in der Wahl seiner Mittel nicht besonders sensibel ist, der folgt bestimmten Handlungsgrundsätzen, sogenannten Maximen. Wenn man mit anderen – in ganz friedlicher Weise – spricht, ist das genauso. Hierfür gibt es den Begriff der »Konversationsmaximen«[7], zum Beispiel die »Maxime der Quantität«, die besagt, dass der Beitrag des Sprechers informativ, aber nicht informativer sein sollte, als von ihm erwartet wird. Jemand, der sich an diese Maxime nicht hält, also zum Beispiel auf die Frage nach dem Wetter im Urlaub einen lückenlos chronologischen Überblick gibt, muss etwa mit der expliziten oder unausgesprochenen Reaktion rechnen: »So genau wollten wir das gar nicht wissen.« Ich habe diese Konversationsmaximen nur deshalb erwähnt, weil Sie sonst mit dem Begriff der »Anti-Maximen«[8], nach denen sich auch Menschen mit destruktiven Absichten richten, vielleicht nicht viel hätten anfangen können. Die passen nämlich viel besser in unseren Zusammenhang:

1. Lüge, aber nicht mehr als nötig.

2. Lüge plausibel, das heißt, bleibe möglichst nahe bei der Wahrheit.

3. Stell dich dumm, wann immer möglich.

4. Sprich vieldeutig, lass dich nicht festlegen.

Diese »Erfolgsrezepte« wirken inspirierend, mir sind deshalb noch einige weitere Anti-Maximen eingefallen:

5. Stell den Standpunkt deines Gegners in möglichst absurder Form dar; dann erübrigt sich jede Kritik (Absurdisierung).

6. Wenn der andere dich nicht versteht, dann ist das seine Schuld; desgleichen, wenn du ihn nicht verstehst. Er ist zu dumm, dich zu verstehen, beziehungsweise er kann sich nicht klar ausdrücken.

7. Stell deinen Gegner gegenüber anderen als einen haltlosen Choleriker dar; auch dann erübrigt sich jede Kritik an seinen Ansichten. Vergiss nicht, dich selbst dabei als cool und überlegen zu präsentieren.

8. Formuliere Vorwürfe so, dass du sowohl die Vergangenheit als auch die Zukunft miteinbeziehst. Sage also nicht einfach: »Es ist dumm/gemein und so weiter, dass du das und jenes getan hast«, sondern berücksichtige möglichst viele frühere Schandtaten deines Kontrahenten gleich mit und stell ihn als jemanden hin, der zur Veränderung auch in Zukunft

absolut unfähig ist (»... und du wirst es auch immer wieder tun«).

»Der Mond und die Sterne gehören doch auch allen ...«

Nicht jeder Trick muss dem bewusst sein, der ihn anwendet. Das ist zum Beispiel bei den sogenannten *Analogieschlüssen* der Fall. Statt einer theoretischen Erklärung lieber gleich ein Beispiel. Es stammt aus meiner ersten Lesefibel. Wenn Sie solche Bücher noch in den Händen gehabt haben, dann erinnern Sie sich vielleicht, dass in den jeweiligen Texten nicht nur das Lesen selbst, sondern immer auch gleich gewisse Sekundärtugenden eingeübt wurden, als da sind: Ordnung, Pünktlichkeit, Sauberkeit und so weiter. Das Beispiel also: Der kleine Hans bekommt von seiner Mutter den Auftrag, die Schuhe der Familie zu putzen, und er weigert sich mit der schwer zu widerlegenden Begründung: »Das lohnt sich nicht, die werden ja doch wieder schmutzig.« Schimpfen oder Prügel als Reaktion bleiben aus, es kommt viel raffinierter: Später beim Abendessen nimmt ihm die Mutter das Wurstbrot weg und sagt: »Das lohnt sich nicht, du wirst ja doch wieder hungrig.« Die schmutzigen Schuhe und der hungrige Hans werden ebenso ineins gesetzt wie die Aktionen des Säuberns der Schuhe sowie des Essens. Beide Aktionen sind ja in der Tat formal gleich: Sie beseitigen einen unerwünschten Zustand. Dass sie inhaltlich nicht gleich sind, wird bei dieser Schlussfolgerung wohlweislich unterschlagen: Mit ungeputzten Schuhen kann man so lange umherlaufen, bis sie einem von den Füßen fallen, und dann kauft man sich neue, während Hans ohne Wurstbrot sehr bald verhungern würde. Eine solche Formulierung unterstellt der Mutter allerdings böse Absichten, die sie wohl kaum hat. Sie ist vermutlich davon überzeugt, dass man tatsächlich so argumentieren kann, dass ihre Handlungsweise in Ordnung ist. In alltäglichen Konfliktsituationen wird nämlich sehr oft *per analogiam* argumentiert, und diese Art der Argumentation wird allgemein als gültig unterstellt.

Und was hat alles mit dem Mond und den Sternen aus der poetischen Überschrift zu tun? Nun, es handelt sich hier um eine Zeile aus einem Song von Marlene Dietrich, in dem sie die Exklusivansprüche eines Lovers so abwehrt:

»Soll denn etwas *so* Schönes nur einem gefallen?
Der Mond und die Sterne gehören doch auch allen ...«

Lassen wir die Frage einmal beiseite, ob die Dame allen, das heißt wirklich *allen* gehören möchte. Auch hier liegt wie bei dem etwas banaleren Wurstbrot des kleinen Hans, der seine Schuhe nicht putzen wollte, ein Analogieschluss vor: Die Schöne vergleicht sich mit Mond und Sternen; diese kann (bis auf weiteres) niemand privatisieren, ergo: die Dame auch nicht. An dieser Stelle kommen wir allerdings um einen etwas trockenen Kommentar doch nicht herum: »Formgleichheit bei Substanzungleichheit«

– so wird in wissenschaftlicher Sprechweise das Wesen des Analogieschlusses näher bestimmt. Dass das Wurstbrot und die Schuhcreme nun doch – pardon! – zwei verschiedene Paar Schuhe sind, hatten wir festgestellt. Die List der Sängerin verschweigt, dass die Schönheit der Gestirne und ihre eigene eben doch nicht ganz von derselben Sorte sind. Und dass *alle* für Sonne, Mond und Sterne etwas anderes bedeuten als für sie selbst: In ihrem Lied heißt es nämlich: *nicht nur einem*; das ist denn doch nicht ganz dasselbe. Ihr geht es ganz entscheidend darum, sich noch ein paar Optionen mehr offen zu halten, das heißt sich weder privatisieren noch kollektivieren zu lassen. Und da hören der Vergleich und die Vergleichbarkeit wirklich auf. Das ist dann die Substanzungleichheit.

Solche Analogieschlüsse gelten aber in der Alltagskommunikation als völlig akzeptabel. Dieser Gedanke führt uns direkt zum nächsten Abschnitt, denn dort geht es um allgemein akzeptierte Vorstellungen.

»Alles tanzt nach meiner Pfeife.«

Das klingt stark, aber natürlich sagt das selten jemand, zumindest nicht in dieser ausdrücklichen Weise. Aber viele denken so, auch wenn ihnen das nicht völlig klar ist. Sie machen sich und ihre Ansichten, ihr Weltbild, ihr Verhalten, aber auch ihre Belastbarkeit zum Wertmaßstab für das Verhalten anderer. Sie und ich gehören vermutlich, je nach Situation, auch dazu. Es ist also nichts anderes als eine »ganz normale« *Egozentrik*: Ich bin der Nabel der Welt. Oder als Frage formuliert, die besonders in Auseinandersetzungen mit Nahestehenden ständig mitschwingt: »Warum bist du nicht so wie ich?« Die alte Dame, die bei ihrem Rundfunksender anrief und voller Empörung fragte, wieso man am zehnten Sterbetag ihres Mannes so fröhliche Musik spielen könne, ist ein oft zitiertes Beispiel. Aber wie normal solches Verhalten auch immer ist, gelegentlich muss man sich dagegen wehren. Denn nicht nur diese Egozentrik selbst ist menschlich; dass sie einen stört, ist auch menschlich. Hierher gehören folgende Sprüche, aus dem Alltagsleben gegriffen:

– »Du gehst mir *soo* auf die Nerven!« Dahinter steht: »Wenn ich so genervt reagiere, dann kann das nur an dir liegen.« Reaktion: »Das ist das Problem deiner Nerven, nicht meines (Fehl)Verhaltens.«

– »Du hast nur keinen Humor.« Dahinter steht: »Ich verhalte mich grundsätzlich akzeptabel, und wenn du mein Verhalten nicht aushältst, dann muss die Ursache bei dir liegen.« Reaktion: »Den speziellen Humor, den ich für dich und deine Art brauche, habe ich in der Tat nicht.« Oder: »Bei dir braucht man wohl einen speziellen Humor.«

– »Ich kann mir nicht vorstellen, dass ...« Das ist so zu verstehen: Was ich mir nicht vorstellen kann, das gibt es auch nicht oder es ist abseits aller gängigen Normen, also in jedem Falle nicht akzeptabel. Wiederum ist mein Vorstellungsvermögen und dessen Reichweite der Maßstab für das Verhalten anderer. Nun ist aber das grundsätzlich ein Problem meiner Vorstellungskraft. Vielleicht reicht die wirklich nicht besonders weit. Man könnte mir darauf also antworten: »Wenn ich Ihrem Vorstellungsvermögen irgendwie auf die Beine helfen kann, dann sagen Sie es mir bitte.«

Bei diesen und den noch folgenden Beispielen geht es eigentlich um die in der Tat nicht ungewöhnliche Frage: Wer hat das Problem, wer ist zuständig, es zu lösen? Derjenige, der eine dieser Standardäußerungen in den Mund nimmt, ist natürlich grundsätzlich der Meinung, seine Sache sei dies auf gar keinen Fall, problematisch sei vielmehr das Verhalten des anderen. Ist man selbst der andere, ist es wichtig, sich dies nicht gefallen zu lassen. In diesem Falle geht es also nicht um Trumpfkarten, sondern um den Schwarzen Peter.

– »Ich verstehe nicht, wieso du ...« – »Man kann nicht alles verstehen, ich verstehe selbst ja auch nicht alles, aber wieso ist das eigentlich mein Problem, wenn du etwas nicht verstehst?« Die beiden Sprüche: »Ich verstehe dich nicht« und: »Du verstehst mich nicht« haben in den meisten Situationen, in denen sie vorkommen, einen gemeinsamen Hintergrund, nämlich »... und das liegt an dir.« Wer sich so äußert, dem liegt daran, den Schwarzen Peter möglichst schnell an seinen Partner, in diesem Falle an das Opfer, loszuwerden. Dessen Intelligenz steht zur Diskussion, und der Daumen droht sich zu senken. Hier liegen zwei alternative Reaktionen nahe, die sich gut in einer Antwort koppeln lassen: »Entweder Sie haben meine Intelligenz überschätzt oder sich nicht besonders klar ausgedrückt.« Wem nach soviel Konfrontation nicht zumute ist – es hängt mal wieder davon ab, mit wem Sie es zu tun haben –, kann natürlich den Sprecher auch um eine Interpretation dessen bitten, was der sagte: »Würden Sie mir erklären, was Sie sagen wollten?« Wenn das nicht funktioniert, kann man immer noch einen drauflegen.

Initiative	***Replik***
»Du gehst mir soo auf die Nerven!«	»Das ist ein Problem deiner Nerven.«
»Du hast nur keinen Humor.«	»Den speziellen Humor, den ich für dich brauche, habe ich in der Tat nicht.«
»Ich kann mir nicht vorstellen, was ...«	»Ein Problem deiner Vorstellungskraft.«
»Sie verstehen mich nicht.«	»Sie überschätzen meine Intelligenz.« (gleichberechtigte Position) »Würden Sie mir erklären, was Sie gemeint haben?« (unterlegene Position)
»Ich verstehe nicht wieso du ...«	»Man kann auch nicht alles verstehen.«

»Dazu habe ich keine Zeit.«

Nehmen wir an, Sie wollen etwas von mir, wozu ich nun leider überhaupt keine Lust habe. Ich sage wahrscheinlich nicht, ich hätte keine Lust. Soviel Unhöflichkeit reserviere ich mir für ganz besondere Anlässe. Ich sage wahrscheinlich eher: »Ich habe keine Zeit.« Das klingt nicht nur höflicher, sondern auch besser, denn in unserer Zeit ist es ein Zeichen für den sozialen Wert einer Person, wenn sie keine Zeit hat. In früheren Zeiten war die Muße ein solcher Indikator, aber das ist eine andere Geschichte. Wenn ich viel beschäftigt bin, wenn alle – am besten noch gleichzeitig – etwas von mir wollen, dann muss ich wichtig sein. *Wessen Zeit kostbar ist, dessen Person ist es vermutlich auch.* So weit und so bekannt.

Der Joker »keine Zeit« verschafft mir aber noch einen weiteren Vorteil. Es hängt, so mache ich den anderen glauben, nun wirklich nicht von mir ab, dass er bei mir nicht landen kann. Ich kann einfach nichts dafür, es ist nicht mein Wille, und schon gar nicht mein böser. Wer mir das unbesehen so abnimmt, der hat von vornherein verloren. Es gibt nämlich Menschen (und Aufgaben natürlich auch), für die ich auch dann nie Zeit haben werde, wenn der Tag dreißig Stunden hätte, weil eben immer etwas anderes wichtiger ist. Im Notfall hat sogar die Reinigung meiner Pfeife Priorität vor einem Kontakt, der mir lästig ist. *Priorität* – das ist es! Wofür ich Zeit haben will – sofern mein Wille stark genug ist –, dafür habe ich auch Zeit. Und was in der Hitliste meiner Prioritäten ziemlich weit unten rangiert, das hat so gut wie keine Chance, je bei mir zu landen. Wenn Ihnen also das nächste Mal jemand mit dem Zeitargument kommt, als sei das so eine Art Naturnotwendigkeit, gegen die auch der beste Wille nichts hilft, dann können Sie dem zum Beispiel antworten: »Zeit ist eine Frage der Priorität, und wenn du für mich keine Zeit hast, dann willst du auch keine haben.« Oder Sie denken sich das nur, je nachdem, was opportuner ist.

Natürlich kommt es im Leben auch einmal umgekehrt. Derjenige, der sonst nie Zeit für mich hat, will auf einmal etwas von mir, bittet auch nicht lange, sondern kontert mein eventuelles Zögern gleich mit der Behauptung: »Wieso, du *hast* doch Zeit!« Eine Bemerkung, zu deren Dreistigkeit mir als Vergleich eigentlich nur der Fuß des sprichwörtlichen Staubsaugervertreters in der Haustür einfällt.

Denn wer lässt sich die damit verbundene Unterstellung schon gerne gefallen, dass es auf seine Zeit nicht besonders ankommt? Auf seine Person kommt es dann vermutlich auch nicht besonders an. Einfach ist meine Antwort, wenn ich auf Wochen ernsthaft ausgebucht bin; das gibt es natürlich auch. Nehmen wir aber an, ich hätte tatsächlich Zeit, die ich so oder anders verbringen kann, oder ich könnte zumindest das eine oder andere umdisponieren. Und nehmen wir weiter an, derjenige, der in der geschilderten Weise so mir nichts, dir nichts den Fuß in meine Tür setzt, hat keine großen Ansprüche an mich zu stellen. Auch wenn ich tatsächlich Zeit habe, dann ist das zunächst einmal *meine* Zeit, und nicht seine. Um meine Zeit kann mich allenfalls jemand bitten, er kann sie nicht von mir verlangen, schon gar nicht, wenn er selbst nie oder selten Zeit für mich hat. Wie auch immer – generell gilt: »Meine Zeit ist *meine* Zeit.«

Initiative	***Replik***
»Dazu habe ich keine Zeit.«	»Zeit ist eine Frage der Priorität.« (nur in gleichberechtigter Position anzuwenden!)
»Wieso, du hast doch Zeit.«	»Meine Zeit ist meine Zeit (und nicht deine).«

»Papperlapapp!«

Das, was jemand sagt, – so hatten wir zuvor festgestellt – wird gern abgewertet mit Verben wie *faseln, lamentieren* und so weiter. Eine sehr grobe Form der Abwertung fremder Ansichten ist das »Papperlapapp!« Das heißt: fremde Rede ist für mich nur noch Geräusch, und zwar eines von der lästigen Sorte. Ich mache so etwas dann, wenn ich es mir leisten kann und wenn meine Bereitschaft, mich mit einer anderen Ansicht auseinanderzusetzen, gleich Null ist. Meine Unbereitschaft ist die gleiche, nur die Form vielleicht um zwei Strich zivilisierter (aber das *Papperlapapp!* in puncto Zivilisiertheit zu überbieten, ist ja auch nicht schwer), wenn ich die Meinungen meines Partners auf den Abklatsch fremder Ansichten reduziere: »Was weiß ich, wo du das wieder aufgeschnappt hast/wer dir das wieder eingeblasen hat.« Oder: »Na, da hast du ja mal wieder was gehört« (das *wieder* möglichst nicht vergessen, es ist wichtig!). Der Partner plappert nur noch anderer Leute Ansichten nach. Außerdem gehört das zu seinen Gewohnheiten. Soll man sich damit etwa noch auseinandersetzen? Übrigens ist diese Praktik auch eine Möglichkeit, lästige Kritik abzuwehren.

»Nun regen Sie sich mal nicht so auf!«

Eine »wissenschaftlichere« Überschrift dieser Passage könnte lauten: »Entwertung des Partners durch Entmündigung». Der Partner wird als jemand dargestellt, der kurz vor dem Verlust der Selbstkontrolle steht und deshalb unbedingt stützender Maßnahmen des Aggressors (ausgerechnet!) bedarf. Er wird also als bedürftig hingestellt. Da dies teilweise sehr ausgedehnt wird (bis zu zehnmaligem »Ganz ruhig!«), wird der Partner unter Kontrolle gebracht, vorausgesetzt natürlich, er lässt sich diese Behandlung gefallen, und er bekommt die Sprecherrolle erst dann zugewiesen, wenn es dem Aggressor passt. Diese Technik wird übrigens auch schon bei simplem, das heißt ganz unemotionalem Widerspruch eingesetzt (zum Beispiel Kundenreklamationen) und dient sowohl der Imagedemontage als auch der emotionalen

Schwächung des Opfers. Der Aggressor versucht, die Situation einseitig unter seine Kontrolle zu bringen, und stellt sich dar als jemanden, der dem anderen – zu dessen Bestem, wie sich versteht – eine Art verbale Beruhigungsspritze verabreicht.

»Ach, Sie haben wohl Erfahrungen auf diesem Gebiet?«

Zur Erinnerung: In vielen Interaktionen ist der andere jeweils Partner und Gegner zugleich, die Rollen können sehr schnell wechseln. Es herrschen meist gleichzeitig die Prinzipien Kooperation und Konflikt. Im Konfliktfalle sollten wir uns fragen: Wenn wir uns mit einem anderen Menschen unterhalten, nehmen wir ihn dann immer ohne Einschränkung für voll, sehen wir ihn als gleichrangig an, oder sind wir insgeheim der Ansicht, dass uns ein paar Rechte mehr zustehen als ihm? Sehen wir die Beziehung als symmetrisch oder als asymmetrisch? Und wie sieht der andere uns? Als jemanden, auf den es etwas weniger ankommt als auf ihn? Um diese Frage geht es in bestimmten destruktiven Spielen, von denen wir uns einige näher anschauen wollen. Wobei das Wort »Spiele« natürlich in die Anführungszeichen gehört, in denen es hier steht.

Auf Parties kommt man zusammen, um einen netten Abend zu verbringen, sich zu entspannen, Leute wiederzutreffen, Neues zu hören, sich selber darzustellen und so weiter. Sicher ist das alles richtig und soweit auch bekannt, aber eben doch nicht so harmlos, denn bei solchen Gelegenheiten »... kommt es doch sehr wohl darauf an, wer die besseren Witze zu erzählen weiß, am besten auf dem Laufenden ist über die letzten Neuerscheinungen auf dem philosophischen Büchermarkt, die Fußballergebnisse, die amourösen Affären im Bekanntenkreis und so weiter.«[9]

Es kann also auch das Gegenteil eintreten: Parties sind immer auch Konkurrenzsituationen und können ziemlich stressig werden, weil es manche Leute darauf anlegen, bei solchen Anlässen, das heißt natürlich vor einem Publikum (wiederum sind das die Komplizen), Punkte auf Kosten anderer zu sammeln. »Imagedemontage« lautet der anspruchsvolle Begriff dafür, dass da jemand nur darauf wartet, mit nichts als Worten seinem lieben Nächsten den Stuhl unter dem Hintern wegzuziehen.

In Wirklichkeit mache ich sowas natürlich nicht und Sie ganz sicher auch nicht. Aber andere. Warum die sich so verhalten, dazu später noch der eine oder andere Hinweis. Spannender aber ist zunächst einmal die Frage, wie wir uns wehren, wenn wir nicht hilflos und mit offenem Munde als Verlierer dastehen wollen.

Wenn Sie in einer geselligen Runde irgendetwas von sich geben, dann seien Sie vorsichtig mit Vergleichen. Nehmen wir an, Sie finden, dass der Vitello tonnato auf dem Büffet nach Sägespänen oder Radiergummi schmeckt, und Sie lassen das auch Ihre unmittelbaren Nachbarn wissen. Dann seien Sie darauf gefasst, dass Ihnen jemand sagt: »Ach, ernähren Sie sich hauptsächlich davon?« Natürlich, um Sie bloßzustellen, das heißt sich auf Ihre Kosten zu profilieren. Vielleicht hat der Aggressor gar nichts gegen Sie und steht den Gastgebern auch nicht besonders nahe, aber vielleicht hat er oder sie an dem Abend noch nicht genügend Punkte gesammelt. Vielleicht ahnt oder befürchtet er: Sollten Sie mit Ihrem Vergleich die Lacher auf Ihre Seite ziehen, dann bleibt an sozialer Anerkennung für ihn im Augenblick erst einmal nicht mehr viel übrig. Das Motiv wäre dann Konkurrenzneid.

Denken wir uns noch etwas aus. Sie erzählen eine Geschichte, in deren Zusammenhang Sie einen Phantasievergleich bemühen, zum Beispiel: »Ich kam mir vor, als hätte ich eine Pistole im Genick.« Seien Sie eingestellt auf die mokante Frage: »Ach, haben Sie Erfahrung auf dem Gebiet?« Dahinter steckt auch wieder ein *Topos*, nämlich der: *Man redet nur von Dingen, mit denen man sich auskennt*. Diese Forderung ist im Prinzip sicher begründet, passt aber hier nicht, denn man kann es ja niemandem verbieten, sich in seiner Phantasiewelt zu bewegen. Und Imaginationen für reale Erfahrungen, also für harte Fakten zu nehmen, dazu gehört schon eine gehörige Portion Böswilligkeit. Aber wie schaffen Sie es, auf der hingeworfenen Bananenschale nicht auszurutschen? Vielleicht so: »Ich habe meinen Mangel an Erfahrung schon immer mit Erfolg durch meine blühende Phantasie kompensiert.« Die kürzere Variante würde ich vorziehen: »Erfahrung nicht, aber Phantasie.« Eigentlich müsste das reichen.

Initiative	*Replik*
»Ernähren Sie sich hauptsächlich davon?«	»Ja, das ist gerade meine Diät.«
»Sie haben wohl Erfahrungen auf dem Gebiet?«	»Meine Phantasie reicht mir völlig.«

Die Methode »Kannitverstahn«

Wenn zwei oder mehr Menschen miteinander sprechen, gehört dazu immer auch eine gewisse Bereitwilligkeit auf Seiten dessen, der gerade zuhört, dem Sprecher gedanklich ein Stück Weges entgegenzukommen, sich auf ihn einzulassen, seinen manchmal verschlungenen Gedankengängen zu folgen, nicht zu Ende Formuliertes gedanklich zu ergänzen. Mit anderen Worten: das, was gemeint war, zu rekonstruieren. Soweit das eben möglich ist. Man könnte auch *Gutwilligkeit* dazu sagen. Der Herr oder die Dame Kannitverstahn kündigt diese soziale Verpflichtung zur Kooperation aber auf und stellt sich dumm. Er/sie nimmt zum Beispiel Dinge wörtlich, die nach sozialer Übereinkunft und allgemeiner Lebenserfahrung nicht wörtlich gemeint sein können. Im Grunde ist das eine Sabotage-Strategie, nicht weniger. Die Absichten sind oft destruktiv, zum Beispiel kann es darum gehen, den Sprecher vor anderen lächerlich zu machen. Es geht eigentlich um die

»Weigerung, den anderen für voll zu nehmen, kurz gesagt, um Verweigerung von Verständigung«.[10]

Es gibt sicher auch harmlosere Varianten, und auch in denen steckt die Auffassung: »Soll sich der andere doch mal ordentlich anstrengen, sich mir verständlich zu machen. Ich bemühe mich jedenfalls nicht weiter.« Ein illustratives Beispiel findet sich in dem Drama »Wer hat Angst vor Virginia Woolf?« von Edward Albee: Nick erzählt George, er habe mit seiner Frau schon als Achtjähriger Doktorspiele gemacht, dann hätten sie geheiratet. Gegenfrage von George: »Mit acht?«[11] In Verhandlungen genügt oft schon die Bemerkung: »Das versteh' ich nicht«, um den Kontrahenten matt zu setzen, wenn der nicht aufpasst. Auch hier spielt ein Topos eine Rolle, und zwar ist es der bereits in der Antike bekannte Topos: »Wissen verpflichtet zur Mitteilung.« Wenn mir jemand etwas erklärt hat und ich sage daraufhin: »Das verstehe ich nicht«, dann halse ich dem Kontrahenten eine Bringschuld auf, über deren hinreichende Erfüllung wiederum ich entscheide. Nehmen wir an, der andere reicht eine Erklärung nach, und die reicht mir nicht, dann kann ich ihn im Kreise herumjagen, bis ihm die Luft ausgeht. Wenn, wie gesagt, er nicht aufpasst! Er könnte zum Beispiel antworten: »Was meinen Sie mit *das*?« oder: »Bis zu welchem Punkt haben Sie mich verstanden und ab wann nicht mehr?«

Metakommunikation

Das Folgende ist der Methode *Kannitverstahn* sehr nahe verwandt. Wir müssen dafür allerdings etwas weiter ausholen. Wenn wir miteinander reden, dann haben wir normalerweise ein Thema, das Gespräch *geht über etwas,* das heißt über uns selbst oder die Welt da draußen. Gelegentlich, und das ist doch gar nicht so selten, reden wir aber auch darüber, *wie* wir reden, das heißt *die Kommunikation wird selbst zum Thema der Kommunikation.* Dieser spezielle Fall von Kommunikation wird »Metakommunikation« genannt. Nun, so exotisch, wie dieser Ausdruck sich vielleicht anhört, ist die Sache selbst gar nicht. In der alltäglichen Kommunikation gibt es genügend Unklares und Strittiges, was der Klärung bedarf. Zwei Beispiele:

– »Das hätte man vorher bedenken müssen.« – »Wen meinst du mit *man*?«

– »Der ist da an der Ecke gestanden.« – »Wieso *ist* gestanden? *Hat* gestanden.« – »Im Süddeutschen sagt man halt so.«

Nun sind das mehr oder minder harmlose Fälle. Aber wie so vieles im Leben lässt sich auch die Metakommunikation zu destruktiven Zwecken einsetzen. Diese nicht mehr ganz so harmlose Variante sucht das Image des Partners zu schwächen. Man kann einem anderen üble Verletzungen zufügen, wenn man dessen Art zu kommunizieren angreift und der sich nicht zu wehren weiß.

Wie geht der Aggressor dabei vor? Er spießt irgendein Merkmal der Äußerungen seines Opfers auf. Hauptsächlich geht es dabei um Betonungen der Namen von Ländern, Personen oder von Produkten, es geht um den Gebrauch von Fremdwörtern.[12] Auch die Grammatik kann Thema sein:

– »Wer *brauchen* ohne *zu* gebraucht, braucht *brauchen* überhaupt nicht zu gebrauchen« (klingt oberlehrerhaft und ist außerdem eine Norm von gestern).

Besonders beliebt sind Präpositionen:

– »Du hast die Schuld *dazu*.« – »Eine Schuld mit falscher Präposition habe ich nun ganz bestimmt nicht.« Das klingt ziemlich ätzend.

Die destruktive Wirkung ist eine zweifache: Die meisten Menschen achten beim Sprechen hauptsächlich auf das, *was* sie sagen, und nicht oder jedenfalls sehr viel weniger darauf, *wie* sie es sagen, also auf das *Was*, und nicht auf das *Wie*. Der Aggressor springt plötzlich und für sein Opfer völlig unerwartet von der *Was*- auf die *Wie*-Ebene und erzielt damit einen starken Überrumpelungs- und Irritationseffekt – meistens jedenfalls, bei ganz Abgebrühten nicht. Das Opfer fühlt sich hinterrücks überfallen. Zum zweiten legt er folgendes nahe: Wer (wie sein Opfer) Sprache tatsächlich oder vermeintlich nicht ganz korrekt gebraucht, dessen Intelligenz, zumindest aber seine Argumentation, ist ebenfalls nicht ganz in Ordnung. Und das soll wiederum Schlüsse auf eine insgesamt defizitäre Persönlichkeit nahelegen, deren Standpunkt kein Gewicht hat. Ziel ist: Das gegnerische Selbstwertgefühl soll geschwächt werden. Am meisten Spaß macht das, wie bereits bekannt, vor einem Publikum (Stichwort: »Komplizen«). In sogenannten »Elefantenrunden« im Fernsehen ist ein ähnliches Mittel schon mehrfach beobachtet worden: »Sie haben sich (schon wieder) versprochen!« Damit wird angedeutet: »Wenn Sie beim Sprechen schon Fehler machen, dann ist wahrscheinlich Ihre ganze Position schwach und taugt nicht viel.«[13] Dann könnte man auch gleich sagen: »Ihre Krawatte sitzt schief« oder: »Du riechst aus dem Mund.« Im Grunde ist auch das wieder eine Sabotage-Strategie.

»Beziehungsgift«

Den Unterschied zwischen der *Was*- und der *Wie*-Ebene brauchen wir noch einmal. Der Titel dieses Buches könnte auch lauten: »Was sagt man dazu?« Bis jetzt lag der Akzent eigentlich immer auf dem »Was sagt man ...« Das »dazu«, also dasjenige, worauf es zu reagieren galt, war klar. Es gibt aber Fälle, in denen das überhaupt nicht klar ist. Man fühlt sich irritiert, vom anderen angegriffen, müsste reagieren, weiß aber nicht so recht worauf eigentlich. Da wird das »dazu« zum Problem, und dieses Problem wird jetzt unser Thema sein.

Bestimmte Wörter der deutschen Sprache – sie heißen »Modalpartikeln« (*etwa* und *nicht*, die wir schon gestreift haben, gehören dazu) – haben es in sich. Ihre Wirkung wird in der Literatur denn auch treffend als »Beziehungsgift« bezeichnet. Es sind unter anderem: *wieder, mal wieder, schon wieder* und *wenigstens.* Zwei Beispiele:

– »Haben wir *mal wieder* schlechte Laune?«

– »Dann rufen Sie *wenigstens* vorher an, wenn Sie schon nicht kommen können.«

Diese unscheinbar wirkenden Wörter (*mal wieder* und *wenigstens*) qualifizieren den Partner als Wiederholungstäter beziehungsweise als jemanden, der auch mit einer sehr bescheidenen Forderung fast noch überfordert ist. Ich kenne jemanden, der einmal auf die Frage: »Na, geht's *schon wieder* in den Urlaub?« dem Frager beinahe an den Hals gesprungen wäre (wobei noch nachzutragen ist, dass der so Gefragte in einem ziemlich harten Berufsleben stand). Dieselbe Frage ohne *schon wieder* – das wäre eben nicht dieselbe Frage! Es wäre eine echte Informationsfrage, während die provokative Variante (also diejenige mit *schon wieder*) einen Vorwurf oder eine Unterstellung enthält, ohne diese/n direkt zu formulieren. Das gesprochene Fragezeichen ist eigentlich nur noch die Maske, unter der sich so einiges an Hinterhältigkeit verbirgt.

Auch *plötzlich* provoziert:

– »Wir wollten den Abend zusammen verbringen, und *plötzlich* erklärst du mir, du musst noch mal ins Büro.«

Dieses *plötzlich* hält dem Gegner Unstetigkeit, Sprunghaftigkeit, Unkalkulierbarkeit als Defizite seiner Persönlichkeit vor.

Die Modalpartikel *überhaupt* im Zusammenhang von Fragen nach dem Wissen und den Fähigkeiten des Partners stellt dessen ganze Person in Frage: »Haben Sie *überhaupt* Abitur?« sagte Franz Josef Strauß einmal auf einer Wahlveranstaltung zu jemandem, der ihm lästige Fragen stellte.

– »Wissen Sie *überhaupt*, wovon Sie reden?«

– »Verstehst du *überhaupt* was von Computern?« (dieselbe Frage ohne *überhaupt* klingt harmlos und unproblematisch und ist vor allem nicht mehr dieselbe Frage). Die ganze aggressive Schärfe dieser *Überhaupt*-Fragen liegt darin, dass nicht nur das Wissen und/oder Können des anderen problematisiert wird, sondern, wie gesagt, dadurch gleich dessen ganze Person. Die Brisanz solcher Wörter (*mal wieder, überhaupt* und so weiter) liegt unter anderem in Folgendem: Die Information, die sie transportieren, ist sehr kompakt – Sie haben es an der Umständlichkeit meiner Analyse bemerkt – und zugleich sehr wenig explizit. Das heißt, es wird mit einem unscheinbar wirkenden Wort ein sehr komplexer Inhalt vermittelt, und diesen kriegt der Partner gar nicht richtig zu fassen, er wüsste kaum, womit und wie er den Sprecher zur Rede stellen sollte, falls er das will. Und hauptsächlich hierin liegt das Problem des Dazu, worauf ich am Anfang dieses Kapitels hinwies.

»Du hast vielleicht 'ne Ahnung!«

Bekanntermaßen ist der soziale Alltag – nicht nur, aber auch – so etwas wie eine Börse, an der das Image bestimmter Personen zu steigenden oder fallenden Kursen, manchmal auch zu Schleuderpreisen, gehandelt wird. Ob man die Informationen besitzt, die andere für wichtig halten, also Bundesliga, Formel I oder die aktuellen Handytarife, entscheidet über die Alternative Highflyer oder Sanierungsfall. Hier nicht zu wissen, dass Bayern München für den südamerikanischen Neuzugang eine zweistellige Millionensumme berappen musste, führt zur gnadenlosen Abwertung. Wobei sich schiere Ahnungslosigkeit noch locker unterbieten lässt durch die Unvorsichtigkeit, mit der da jemand zum falschen Thema überhaupt den Mund aufmacht. Wer Mercedes und Ferrari durcheinander bringt oder den tie break für eine Krawatte nimmt, die zur Weiberfastnacht der Schere zum Opfer fiel, landet und bleibt im Abseits. »Du hast vielleicht 'ne Ahnung!« heißt es dann. Nicht etwa bedauernd, dass der arme Kerl es nicht besser wusste, sondern mit einem nur mühsam unterdrückten Triumphgeheul. Dem Opfer die Kompetenz gründlich abzusprechen, bewahrt den Aggressor meistens vor der Notwendigkeit, die seine ausführlich darzulegen. Beinahe überflüssig der Hinweis, dass dieses Drehbuch im Wesentlichen von und für Männerrunden geschrieben ist. Zum Thema »Mobbing« hatte ich bereits gesagt, dass da einer sein Ego auf Kosten anderer stärkt. Das ist hier nicht anders.

Nicht, weil wir ihn dazu machen, nein, dafür sorgt er selbst. Mal sehen, wie er das anstellt.

Wer angreift, erreicht irgendwann sein Ziel – oder auch nicht. Wer rechtzeitig merkt, dass sein Opfer so leicht nicht kleinzukriegen ist, der hat bessere Aussichten auf einen Sieg, wenn er die Strategie beibehält, aber die Taktik wechselt und in die »Ich-armes-Schwein«-Rolle schlüpft. Der Aggressor mutiert somit zum Opfer seines Opfers. Diese Vorgehensweise hat zwei Vorteile: zum einen den Überraschungseffekt (soeben wurde noch angegriffen, jetzt reißt man schützend die Arme vor das Gesicht), zum anderen den sozialen Konsens: »Dem Schwachen tut man nichts.« Dieser Konsens soll das bisherige Opfer, das diesen Schutz übrigens nicht genoss, daran hindern zurückzuschlagen. Auf Sprache kann man dabei sogar gut verzichten: Ein dramatischer Hustenanfall mit Atemnot, eine Herzattacke oder Tränen können Wunder wirken. Wer in Gegenwart eines anderen weint, den hat offensichtlich dieser andere zum Weinen gebracht. Was muss dieser jemand für ein Mensch sein! Wer hier keine Schuldgefühle bekommt, der muss schon ziemlich hartgesotten sein oder sich in Konfliktsituationen einigermaßen gut auskennen.

Die Abwehrhaltung desjenigen, der eben noch Opfer war, droht meist aber zusammenzubrechen und überlässt schlechtem Gewissen das Feld. Machtkämpfe zwischen Eltern und heranwachsenden

Sprösslingen, aber auch innerhalb von Partnerschaften spielen sich oft ab nach dem bewährten Muster: »Läuft Aggressor nicht mehr, läuft immer noch *Opfer.*«

Kommen wir noch einmal auf den Überraschungseffekt zurück. Er spielte schon in der »Metakommunikation« eine Rolle sowie bei diversen destruktiven Spielen. Wer das ungute Gefühl hat, dass kommunikativer Schlagabtausch im Alltag oft zu seinem Nachteil ausgeht, der sollte sich auf diesen Punkt konzentrieren. Hier liegt eine der schwierigsten Hürden.

Aushandeln? Fakten schaffen!

Wir sagten ganz zu Anfang, dass Interessen- und Meinungsgegensätze ausgehandelt werden müssten und dass Streit eine verschärfte Form der Aushandlung sei. Nun ist aber vielen Menschen das Aushandeln von Interessen in milder oder scharfer Form zutiefst zuwider. Die Prozedur selbst kostet Zeit und Energien, ihr Erfolg ist ungewiss; es ist möglich, dass man Kräfte investiert, sich aber nicht durchsetzt. Fakten schaffen, den anderen vor vollendete Tatsachen stellen, vermeidet alle diese Misshelligkeiten. Ist man sich zu zweit uneins, ob es im Urlaub in die Karibik oder ins Salzkammergut gehen soll – einfach ins nächste Reisebüro gehen und dort ein nicht stornierbares Pauschalangebot buchen und dem Partner danach sagen, was Sache ist. – Ein Beispiel, aber nicht unser Thema, und schon gar keine Empfehlung, so zu handeln. Denn nicht jede Situation ist von der Sorte. Wenn es mit der Schaffung von Fakten nicht klappt, wenn also doch gestritten werden muss, dann ist der totalen Waffengleichheit mit allen ihren Ungewissheiten doch immer noch folgendes vorzuziehen: einseitige Vorentscheidungen treffen, die den Aktionsspielraum des anderen einengen. Das klingt sehr abstrakt, ist aber eigentlich sehr einfach und hunderttausendfach bewährt. Beispiele gibt es in Hülle und Fülle. Eines davon kann genügen.

Ulrike und Benedikt leben seit drei Jahren zusammen. Wie in so vielen Haushalten kommt es bei ihnen ab und zu vor, dass das Feuerzeug, die Chopin-CD oder der letzte Kontoauszug genau da nicht zu finden sind, wo sie eigentlich liegen müssten. Fragt also Benedikt: »Sag mal, weißt du, wo der letzte Bankauszug geblieben ist?« Ulrike könnte sagen: »Tut mir leid, das weiß ich auch nicht.« Stattdessen antwortet sie: »Ich weiß nicht, wo du den wieder hingelegt hast.« Weshalb sie sich für die zweite der beiden Alternativen entscheidet, werden wir nie erfahren (vielleicht ist das auch gar nicht so interessant), aber was zwischen den beiden da läuft, sehen wir auch ohne akribische Motivanalyse. Folgendes Faktum wird geschaffen: Der Fall wird in die Zuständigkeit und damit in die Verantwortung von Benedikt verwiesen.

Rechtfertigen muss er sich nun, nicht sie. Und das ohne lange Aushandlung, denn es ist in diesem Falle eigentlich überhaupt nicht klar, wer das strittige

Stück Papier zuletzt in der Hand hatte. Ulrike greift zu einem rhetorischen Trick, den wir schon kennengelernt haben, sie macht Benedikt durch das »wieder« zum »Wiederholungstäter« – auch das selbstverständlich ohne auch nur den Ansatz einer Aushandlung. Und dahinter steckt folgender Gedanke: »Da du solche Sachen (also Dinge verlegen) immer wieder machst (was sie übrigens auch nur behauptet), ist die Wahrscheinlichkeit sehr groß, dass du es auch in diesem Falle warst.« Mag Benedikt sehen, wie er sich da herauswindet. Unser Mitleid mit ihm hält sich übrigens in engen Grenzen, denn da dieses Verhalten ziemlich verbreitet ist, hätte er reichlich Gelegenheit gehabt, den »Wiederholungstäter-Trick» zum Beispiel bei Mitgliedern seiner eigenen Familie zu studieren und sich auf weiteren Schlagabtausch entsprechend einzustellen. Wir wollen nur hoffen, dass er etwas gelernt hat und das Spiel bei passender Gelegenheit mit umgekehrter Rollenverteilung spielt.

Schuldzuweisung und Immunisierung – das hatten wir auch in den Kapiteln »Kriminalisierung«, »Emotionale Erpressung« und »Abwehr von Kritik« gesehen – sind offenbar ein ganz wichtiges Thema in Auseinandersetzungen, und man muss schon sehr aufpassen, wenn man nicht plötzlich den schwarzen Peter in seinen Karten finden will.

Konfrontation ist nicht in allen Auseinandersetzungen das einzige Mittel der Wahl. Denn wenn man Kontra gibt, ist das für den Aggressor kaum etwas Überraschendes, er fährt ja schließlich selber auf Kollisionskurs. Überraschen Sie ihn! Denken Sie sich etwas aus, was ihm den Wind aus den Segeln nimmt! Was oft funktioniert, ist

Entwaffnung durch scheinbare Zustimmung

Das ist ähnlich wie bei manchen fernöstlichen Kampfsportarten: Man lässt den Schlag des Gegners ins Leere laufen. Ein paar Beispiele:

»Genieren Sie sich gar nicht?« – »Nein, wie macht man das?«

»Worauf wartest du noch?!« – »Auf den Weihnachtsmann.« Oder: »Darauf, dass du endlich den Mund hältst.«

»Haben Sie etwa Vorurteile?« – »Ja, besonders solche, die sich später bestätigen.«

Rhetorische Fragen, wie wir sie eben hatten (»Genieren Sie sich gar nicht?«, »Worauf wartest du noch?!«), sind nur der grammatischen Form nach Fragen; in Wirklichkeit erwarten sie aber keine Antwort, sondern sie stellen etwas fest oder fordern jemanden zu etwas auf. Wenn man sie nun als echte Fragen interpretiert und doch eine Antwort gibt, dann geschieht zumindest etwas, womit der andere, der Aggressor also, in aller Regel nicht rechnet. Mit unerwarteten Reaktionen lassen sich auch *Beleidigungen* kontern. Wie auch immer diese aussehen, eines haben sie gemeinsam: Sie enthalten eine Information, nämlich die, dass der andere schlecht über einen denkt. Eine Reaktion, mit der vermutlich nicht jeder Aggressor rechnet, besteht darin, dass man den Informationscharakter der Äußerung hervorhebt, sich dafür bedankt und gleichzeitig den anderen indirekt zum Langweiler macht, sagt er doch nur etwas, was andere vor ihm schon gesagt haben und der so Attackierte schon wusste. Es ist ja gleichgültig, ob das stimmt; man sollte es mit der Wahrheitsliebe auch nicht übertreiben, wenn man Beleidigungen ausgesetzt ist! Nun einige Beispiele:

»Du bist ein Idiot, weißt du das?« – »Danke für den Hinweis, aber das hat heute schon jemand gesagt.«

»Du bist nicht nur dumm, du bist auch ordinär.« – »Das kommt meistens zusammen vor.«

Im zweiten der beiden Beispiele ist der Hinweis auf die mangelnde Originalität des Aggressors etwas weniger leicht greifbar; er ist in dem »meistens« versteckt, das auf eine Lebenserfahrung hindeutet.

Im nächsten Beispiel kontern Sie so, dass Sie selbst, obwohl Sie scheinbar zustimmen, sich in der Rolle des Aggressors wiederfinden: »Die Geschmäcker sind halt verschieden.« – »Ja, besonders der gute und der schlechte Geschmack.« (Hoffentlich versteht der andere, was Sie meinen!)

Es gibt – wem muss man das sagen? – im täglichen Leben echte Belastungssituationen, in denen man um seine Fassung ringt, in denen ein zwischenmenschlicher Konflikt sich nur noch als Powerplay beschreiben lässt. Argumente tun ihre Wirkung kaum noch oder nicht mehr. Gewissermaßen als *Notbremse* ist das Folgende gedacht:

– schauen Sie an dem rechten oder linken Auge Ihres Gegners vorbei;

– wenn Sie keine Sanktionen fürchten müssen, mit anderen Worten: es sich leisten können und die entsprechende Muskulatur in Ihrem Gesicht beherrschen, schielen Sie. Jawohl! Schielen. Wenn Ihr Gegner auch dann noch die Fassung bewahrt, dann ziehen Sie respektvoll und ergeben den Hut vor ihm. Er ist wirklich mit allen Wassern gewaschen.

Solche Mittel sind *ultima ratio*, die Sie dann anwenden können, wenn Sie ganz tief in der Defensive stecken und sich wirklich nicht mehr anders zu helfen wissen. Und noch einmal: Machen Sie so etwas nicht, wenn der andere Sie feuern oder Ihnen sonst einen Schaden antun kann. Ihr Verhalten wäre zwar verwegen, aber alles andere als klug.

Anmerkungen

1 Vgl. dazu die sehr informative Arbeit von Carmen Spiegel, »Streit«.

2 Näheres bei Eric Berne, »Spiele der Erwachsenen«

3 Ganz erfrischend ist es, einmal »Das Ende der Konsequenz« von H. M. Enzensberger zu lesen.

4 Niccolò Macchiavelli (1469–1527), auf dessen Namen dieser Begriff zurückgeht, war das, was man heute einen »political consultant« nennt. In seinem Buch »Il Principe« (= Der Fürst) gibt er Anweisungen, wie politische Ziele möglichst effektiv, das heißt von moralischen Skrupeln nicht weiter gebremst, durchzusetzen seien. Auch in alltagssprachlichen Kontexten wird der Ausdruck »macchiavellistisch« gebraucht.

5 Um nicht missverstanden zu werden: Das ist meistens kein so reflektierter und kalkulierter Vorgang, wie ich ihn hier darstelle.

6 Gerd Schank, dem ich dieses Beispiel verdanke, kommentiert diese Situation so: »Bei der vorliegenden Strategie wird in ungerechtfertigter Weise vom Teil auf das Ganze geschlossen und dieser absurde Schluss dem Partner zugeschoben.« (Schank, in: Schank/Schwitalla, S. 72).

7 Diesen Begriff verdanken wir dem britischen Sprachphilosophen Paul Grice.

8 Diese »Anti-Maximen« hat Gerd Schank formuliert (G. Schank, in: Schank/Schwitalla, S. 34).

9 Kirsten Adamzik, Beziehungsgestaltung in Dialogen. In: Fritz/Hundsnurscher, Handbuch der Dialoganalyse, S. 369.

10 G. Schank, in: Schank/Schwitalla, S. 76.

11 Beispiel aus: Schank/Schwitalla (Hrsg.), Konflikte in Gesprächen. Narr, Tübingen 1987, S. 325.

12 Manche Leute sagen zum Beispiel »Bedrouille« statt »Bredouille«.

13 Beispiel bei: Heinrich Löffler. Die Frage nach dem landesspezifischen Gesprächsstil – oder die Schweizer Art zu diskutieren. In: Hundsnurscher/Weigand II, S. 215.

Literaturverzeichnis

Adamzik, Kirsten, Beziehungsgestaltung in Dialogen. In: Fritz/Hundsnurscher (Hrsg.), Handbuch der Dialoganalyse. S. 357–374

Arbeitsgruppe Bielefelder Soziologen (Hrsg.), Alltagswissen, Interaktion und gesellschaftliche Wirklichkeit. 2 Bde. Rowohlt, Reinbek b. Hamburg 1973

Aristoteles. Rhetorik. Übersetzt, mit einer Bibliographie, Erläuterungen und einem Nachwort von Franz G. Sieveke. 4. Aufl. W. Fink, München 1993

Berne, Eric, Spiele der Erwachsenen. Rowohlt, Reinbek b. Hamburg 1967

Detje, Frank, Sprichwörter und Handeln. Eine psychologische Untersuchung. Verlag P. Lang. Bern usw. 1996, 262 S.

Enzensberger, Hans Magnus. Das Ende der Konsequenz. In: H.M.E., Politische Brosamen. Suhrkamp, Frankf./M. 1985, S. 7–30

Fiehler, Reinhard (Hrsg.), Verständigungsprobleme und gestörte Kommunikation. Opladen, Westdeutscher Verlag 1998, 304 S.

Fritz, Gerd und Hundsnurscher, Franz (Hrsg.), Handbuch der Dialoganalyse. Niemeyer, Tübingen 1994, 576 S.

Gruber, Helmut, Streitgespräche. Zur Pragmatik einer Diskursform. Westdeutscher Verlag. Opladen, 354 S.

Hansen, Klaus P., Kultur und Kulturwissenschaft. Eine Einführung. Francke Verlag, Tübingen/Basel 1995, 221 S.

Henne, Helmut/Rehbock, Helmut, Einführung in die Gesprächsanalyse. 2. verb. u. erw. Aufl. de Gruyter, Berlin/New York 1982, 330 S.

Hinnenkamp, Volker, Missverständnisse in Gesprächen. Eine empirische Untersuchung im Rahmen der interpretativen Soziolinguistik. Westdt. Verlag Opladen 1998, 333 S.

Hundsnurscher, Franz und Weigand, Edda (Hrsg.), Dialoganalyse. Referate der 1. Arbeitstagung. Münster 1986. 2 Bde. Niemeyer, Tübingen 1986.

Kallmeyer, Werner (Hrsg.), Gesprächsrhetorik. Rhetorische Verfahren im Gesprächsprozeß. G. Narr Verlag, Tübingen 1996, 421 S.

Kiener, Franz, Das Wort als Waffe. Zur Psychologie der verbalen Aggression. Vandenhoeck & Ruprecht. Göttingen 1983, 304 S.

Kienpointner, Manfred, Argumentationsanalyse. Innsbruck 1983

Kienpointner, Manfred, Alltagslogik. Struktur und Funktion von Argumentationsmustern. Stuttgart-Bad Cannstatt 1992

Kopperschmidt, Josef, Formale Topik. Anmerkungen zu ihrer heuristischen Funktionalisierung innerhalb einer Argumentationsanalytik. In: Gert Ueding (Hrsg.). Rhetorik zwischen den Wissenschaften. Niemeyer, Tübingen 1991, S. 53–62

Löffler, Heinrich, Die Frage nach dem landesspezifischen Gesprächsstil – oder die schweizer Art zu diskutieren. In: Hundsnurscher/Weigand, Bd. II, S. 207–221

Ottmers, Clemens, Rhetorik. Verlag J. B. Metzler, Stuttgart/Weimar 1996, 255 S.

Pines, Ayala M., Überlebensstrategien der Liebe. München 1989

Raddatz, Fritz J. , »Ich hab's nicht so gemeint.« Können wir Gesagtes einfach zurücknehmen? Ein Plädoyer für das Denken vorm Reden. DIE ZEIT 20/1999.

Sager, Sven F., Verbales Verhalten. Eine semiotische Studie zur linguistischen Ethologie. Stauffenburg, Tübingen 1995 (Probleme der Semiotik 17). XII + 314 Seiten

Schank, Gerd/Schwitalla, Johannes (Hrsg.), Konflikte in Gesprächen. Narr, Tübingen 1987, 325 S.

Schank, Gerd, Linguistische Konfliktanalyse. Ein Beitrag zur Gesprächsanalyse. In: Schank/ Schwitalla (Hrsg.), S. 18–98

Schlegel, Leonhard, Die Transaktionale Analyse. 4., völlig überarb. Aufl. Francke, Tübingen u. Basel 1995, XIV + 396 S.

Schwitalla, Johannes, Sprachliche Mittel der Konfliktreduzierung in Streitgesprächen. In: Schank/ Schwitalla (Hrsg.), S. 99–175

Spiegel, Carmen, Streit: Eine linguistische Untersuchung verbaler Interaktionen in alltäglichen Zusammenhängen. Tübingen: Narr, 1995 (Forschungsberichte des Instituts für deutsche Sprache 75). 289 S.

Tannen, Deborah, Du kannst mich einfach nicht verstehen. Warum Männer und Frauen aneinander vorbeireden. München 1993, 358 S.

Tannen, Deborah, Das hab' ich nicht gesagt! Kommunikationsprobleme im Alltag. München 1994, 255 S.

Watzlawick, Paul, Wie wirklich ist die Wirklichkeit? Wahn, Täuschung, Verstehen. München 1976